越秀区文学艺术界联合会◎主编

龚伯洪◎著

游览越秀古街巷

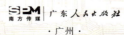

广东人民出版社

·广州·

图书在版编目（CIP）数据

游觅越秀古街巷 / 越秀区文学艺术界联合会主编；龚伯洪著 . —广州：广东人民出版社，2024.1

ISBN 978-7-218-17475-4

Ⅰ.①游… Ⅱ.①越… ②龚… Ⅲ.①城市道路—介绍—越秀区 Ⅳ.①K926.53

中国国家版本馆 CIP 数据核字（2024）第 063458 号

YOUMI YUEXIU GUJIEXIANG
游觅越秀古街巷

越秀区文学艺术界联合会　主编　龚伯洪　著

出　版　人：肖风华

责任编辑：夏素玲　饶栩元
封面设计：Demo Studio 样本工作室
版式设计：广州六宇文化传播有限公司 Guangzhou Liuyu Culture Communication Co., Ltd.
责任技编：吴彦斌

出版发行：广东人民出版社
地　　址：广州市越秀区大沙头四马路 10 号（邮政编码：510199）
电　　话：（020）85716809（总编室）
传　　真：（020）83289585
网　　址：http://www.gdpph.com
印　　刷：珠海市豪迈实业有限公司
开　　本：787mm×1092mm　　1/16
印　　张：17.5　　字　　数：226.8 千
版　　次：2024 年 1 月第 1 版
印　　次：2024 年 1 月第 1 次印刷
定　　价：98.00 元

如发现印装质量问题，影响阅读，请与出版社（020-85716849）联系调换。
售书热线：（020）87716172

序

　　广州建城已有两千多年，老城区一直在今越秀区范围内，故其古街巷可见历史文化底蕴的深厚。

　　越秀古街巷的故事让人品味岭南文化、广府文化的形成与发展，从秦代任嚣率军平定岭南、赵佗建南越国，到中华人民共和国成立，这两千多年的历史、风物、人物、民俗等故事，可歌可泣，培养着人们爱国爱乡的情怀，激励着人们前进。

　　在历史、风物方面，先从任嚣说起。在解放北路广东迎宾馆中白云楼北面的小山岗上，有立碑近90年的任嚣墓，虽因没发掘证实而未入文物之列，却得到较好的保护，成为唯一纪念任嚣之地。秦代任嚣（？—前206）率军南下平定岭南，最早在广州建城（史称任嚣城），任南海郡尉，管理桂林、象、南海三郡，开岭南发展之先。文献记载这里在宋代前有任嚣庙，香火甚盛，庙下有任嚣墓，成为人们缅怀先贤的地方。因此，民国广东省教育厅厅长黄麟书于1936年6月，出于纪念之情，立起任嚣墓，还撰并书《故秦南海尉任君墓碑》，刻于墓前，一直保留至今。如今虽然原碑字迹已模糊，但碑文留于文献中，此碑文洋洋千言，夹叙夹议，弥足珍贵。碑前还建有将军亭，旁边有棵大而老的榕树，覃木青葱。黄麟书立墓留碑，近90年过去，令人不忘任君开发岭南之功。

任君去世后赵佗建南越国。今在广东科学馆北面应元路南侧的越王井，传说为赵佗所开，令人记得赵佗的名字。民间说此井通石门，素为官家重视。而解放北路象冈山底发掘的南越第二代主文王墓，后建成南越王博物院，闻名中外。

汉代后的三国时期，吴国大臣虞翻被贬南来，居于南越末主赵建德未当政时的住宅，广种诃子树，人称诃林（后成光孝寺），并在此开讲《易经》，大受欢迎，留下南北文化交流的佳话。后来这里成为寺院，寺名屡变，成为中外佛法交流的基地。唐代更是佛家禅宗六祖惠能公开身份弘法、创南派禅宗之地，影响中外。

六祖于此传法之前的晋代，越秀山麓的越岗院（三元宫前身）是道教早期建筑，也是最早褒扬女性之地。建院的南海太守鲍靓乃道家名人，其女儿鲍姑在此开井，用井边红脚艾治好百姓的瘟疫，留名至今。其夫婿葛洪也是古代著名的医学家。

六榕寺古称宝庄严寺，从寺名变化记下唐宋两代大文豪的踪迹。"初唐四杰"之一的王勃，于此写下《广州宝庄严寺舍利塔碑》，此碑文刻于寺中，留下南北文化交流的铁证。北宋名士苏东坡到此写下"六榕"二字，以致后来寺名更改，又留下南北文化交流的佳话。而近、当代六榕寺的变化，也有不少故事。中华人民共和国成立后，广州市文史研究馆首设于此，首任馆长陈大年在民国时是名律师，已在寺中牌坊留下对联，与此寺结下不解之缘……

古街巷的得名反映了历代社会对文化教育的关注。龙虎墙、府学、学宫、书坊街等街名，都反映了社会对教育的重视。

古街巷的得名与历代名人大有关系，从来皆有口碑，秉正街记汉代父子贤臣，崔府街怀崔与之，李家巷忆李昴英，湛家巷念湛若水，圣贤里思黄佐，清水濠忆

曾嵘绘

张维屏、越秀书院记陈澧，令人不忘历代著名文士的成就。元运街洛暨记陈子壮，豪贤路追忆黎遂球，卫边街（吉祥路）邝露抱琴就义，均张扬了爱国诗人高尚的民族气节。中山路怀念孙中山，执信路纪念朱执信，先烈路长眠的烈士等等，均记下推翻封建帝制的革命者，他们的事迹永远受人景仰。

环境的变化、历史的变幻、文化的传承，亦能在古街巷名中感知一二，令人感慨良多。挞子大街的鱼塘与古代沉夜湖，兰湖里与古芝兰湖，海珠之名与海珠石，它们的得名均可令人得到某些启悟。而四方炮台的名字，一德路得名溯源，均留下广州人民反抗英国侵略军的英雄篇章，殊为可敬。

古街巷之名与民俗更有密不可分的关系，众多光怪陆离的民间传说，本书只精选部分供人研究。惠福路源于广州特有的金花诞传说，为研究民俗者提供了线索。聚贤北街与元末明初南园五子的关系，以及南园诗社的延续，可证诗词与越秀区早有渊源。象牙街留下古象牙工艺的发达，可寻手工艺的发展轨迹。迎珠街窥粤讴的发展，走马岗粤剧八和公墓的存在，又可探究粤剧的历史……这些古街巷故事，能慢慢品味越秀区深厚的历史文化底蕴。下面分历史、风物、人物、民俗四部分记述，虽难免有所交叉、互见，但仍可供读者细赏。

本书的出版得到了中共广州市越秀区委宣传部的大力支持，在此表示衷心的感谢！

目录

风物故事

人物故事

民俗故事

历史故事

赵佗开的越王井

　　语云："平南王霸越王井——看你恶得几耐。"（"几耐"是粤语"多久"之意）

　　位于越秀山南麓的应元路西段，从前叫"清泉街"，其北侧还有一条"清泉横巷"。这"清泉"之名，源于广州最古的名井——越王井，从宋代至明末，这里一带的居民皆饮用这一井清泉。

　　此井据说是西汉时南越国开国国主赵佗所开凿，至今已有两千多年历史，今位于广东科学馆北端的应元路南侧。由于此井的泉水有"玉石之津液"的美誉，水质甘甜，又相传饮得南越王赵佗年逾百岁尚"肌体润泽""视听不衰"，因此屡被治粤专制者所霸占。五代十国时，南汉国主册封此井为"玉龙泉"，并作为御用井水，平民百姓休想一尝其味。清初，平南王尚可喜统治广州时，闻得赵佗饮此井水活过百岁，遂起霸井之心。他命令在井的四周筑起围墙，派兵把守，并出告示说"私汲井水者鞭笞四十"。不过，纵然尚王爷一家霸占此井，也饮不了长命百岁，反落得被皇帝除掉的下场，应了老百姓"看你恶得几耐"的诅咒，留下千秋骂名。倒是宋朝时一位好官，将此井开放给百姓饮用，遂被人永远怀念。这位好官，就是番禺县令丁伯桂。

　　话说北宋灭南汉国后，丁县令一到任，即把南汉王室霸占的越王井归还于民。由于人多汲水，井口又大，为免因争水而产生纠纷乃至引发跌下井中的事故，他主持了方便平民百姓取水的修缮工程，既扩阔了井台，又用一块凿了九个大孔眼的大石板覆盖井台，可容九个人同时用水罂（汲水的陶质容器）或小木桶汲水（广州人称"打水"）。这一便民之举大受平民百姓称赞，从此人们称此井为"九眼井"。

传说此井的水直通广州西北的石门（今属白云区，昔日有"石门返照"一景列入"羊城八景"）。清初学者屈大均在《广东新语》的"水语"中记载：有人掉了一只酒杯在九眼井中，竟在石门水面浮出，为一船夫捞起。据说这传说最早记于北宋

越王井外景

的《太平寰宇记》中，故文人有"石门通越井"的诗句。

　　1983年，越王井被广州市政府公布为市级文物保护单位。后来井上还盖起红柱绿瓦的井亭。此井井身全部石砌，直径2.1米，今九孔井盖及"九眼古井"石碑尚存，但井底已淤积深达7米。如今人们经过应元路西段南侧，尚可隔着科学馆的围墙间隙，看到越王井亭的一景呢。

象山樵歌旧地的
南越王博物馆

> 脚踏象冈头，一世唔使愁。
> 摸下大象耳，你咩野都知。
> 骑住大象身，今世无苦辛。
> 拉住大象尾，食遍广州味。
> 取到大象心，满屋是黄金。

这是20世纪40年代初在广州流传的童谣，真有点神秘。不知何处何人唱起的这首童谣，直到1983年竟然应验，从解放北路象冈的山腹中发现南越文王墓，还挖出一大批无价之宝。从此，象冈不仅是越秀区之宝地，还是广州、广东，乃至全国之宝地！1996年，南越文王墓成为全国重点文物保护单位。"象山樵歌"虽已消失，"象冈瑰宝"则扬名世界了。

南越国开国之主南越武帝赵佗开发岭南厥功至伟，生前占有大量奇珍异宝，死后下葬时却大摆迷魂阵，丧车由四门同时走出，令后人不知其墓在哪里。三国时，吴主孙权曾下令军队在广州城周围四处掘山，但却找不到赵佗之墓。1983年6月，在建广东省人民政府宿舍楼的工地挖出一个大型石室墓，初时猜测是赵佗墓，但从墓中出土的墓主金印、玉印印文却可认定，这里是南越国第二代主南越文王赵眜的长眠之所。那龙钮金印印文是"文帝行玺"，玉印印文是"赵眜"。

有趣的是，古籍记南越国第二代主文帝叫"赵胡"，与出土玉印印文对不上号，然而"文帝"之号却是一致的。因此有

林广平绘

人说"眜"读音"胡"，古籍从俗写"胡"字。不管怎样，依照实物证据，南越文王应写作"赵眜"了。此名字是"目"偏旁加"末"字乃文物专家认定的，但大概因电脑打不出，时见不少文章介绍文王名字时或左边作"日"偏旁，或右边作"未"字，真叫一般人糊里糊涂的，好在人们只把它作符号来看。

还有有趣的事，墓中出土有烤猪炉、二百多只禾花雀残骸，可证南越国时期古广州人已喜食烧猪、禾花雀。这举世瞩目的石室墓，20世纪80年代末建成博物馆后称"西汉南越王墓博物馆"，到20世纪末又改名"西汉南越王博物馆"。

西汉南越王博物馆馆藏文物2227件（套），其中以材质为铜、铁、陶、玉者较多，真是"取到大象心，满屋是黄金"！著名文物有龙钮金印、丝镂玉衣、刻着羽人船的铜提筒、全国最早的印花铜模、全国出土年代最早的蓝色平板玻璃等，还有特别珍贵的操蛇人屏风铜托座、角形青玉杯、透雕龙凤重环玉佩等。

博物馆占地面积1.4万多平方米，建筑面积一万多平方

南越文王墓出土金印

人操蛇鎏金铜托座

透雕龙凤纹重环玉佩

米，整体布局以石室墓为中心，依山而建，古墓区、综合陈列楼、主体陈列楼三组建筑有机连成一片，每年吸引国内外游人不可胜数。2021年，西汉南越王博物馆与南越王宫博物馆合并为南越王博物院。

迎宾路得名与任嚣墓

尚府楼台几度新，经年乔木更嶙峋。

大同铁塔矜高古，六祖金身隐近邻。

霞鹜齐飞冬日暖，桂兰竞秀晚风薰。

绕梁喜听歌声啭，一曲断机净客尘。

这是20世纪60年代初全国人大常委会副委员长、著名文豪郭沫若南来广州，居住于广东迎宾馆时所作。诗中点出了迎宾馆的一些历史，也道出了当时他住得舒适、高兴的心情。

广东迎宾馆南面有一条贯通六榕路与解放北路的小马路，叫做迎宾路。一般人以为此路因新中国成立后有了广东迎宾馆才改此名，其实不是。此路在清代时称为大茶巷，20世纪30年代中期因北面有迎宾馆而改名迎宾路。这就是说，广东迎宾馆在建之前这里已是迎宾馆，说起其来历，倒有很长的历史。

迎宾馆所在地在宋、元至明初，还是属净慧寺（今六榕寺）的范围。到明洪武六年（1373），官方把净慧寺东部即迎宾馆所在地一带改建为谷仓，名为"永丰"（至今仍有街名名稻谷仓）。清初顺治七年（1650），平南王尚可喜会合靖南王耿继茂攻陷广州后，部分清兵驻扎在永丰谷仓。随后，尚、耿在广州分别建王府，永丰谷仓一带便被耿继茂建成靖南王府。后来，耿继茂被朝廷调走，耿王府被尚可喜之子尚之孝占为府第，加以扩建。郭沫若诗首句"尚府楼台"即指此；"几度新"，则指其后的变化。

尚可喜父子被康熙皇帝于康熙十二年（1673）削藩以

后，落得可悲下场。此后"尚府楼台"冷清了多年。康熙二十二年（1683），这里改为广东巡抚衙门，是总揽全省军事、吏治、司法大权的所在地。乾隆初期，巡抚托恩又在衙门后面建起了五座楼台。道光年间，两广总督兼署广东巡抚阮元又对这里修葺一番，取名"万竹园"。光绪三十二年（1906），朝廷裁撤巡抚实缺，这个衙门便被冷落起来。后来，衙门的南部改为广州将军府。又，第二次鸦片战争爆发后，英法侵略军曾占据广州，咸丰十一年（1861），今迎宾馆范围被英国强行"租"去，作为英国驻广州的领事馆；直到民国成立后的1928年，英国领事馆才迁出，这里成为净慧公园。"净慧"一名，乃因这里曾属净慧寺范围。此时的净

广东迎宾馆

慧寺早已改名六榕寺，清代开辟了花塔街（后扩为六榕路）后，六榕寺与巡抚衙门已分隔开。

不久，净慧公园内建起迎宾大楼，20世纪30年代初更扩建为国际迎宾馆，后来南面辟建的马路便改名迎宾路。

1936年，当时的广东省教育厅厅长黄麟书主持在迎宾馆中立起任嚣墓，而且撰并书《故秦南海尉任君墓碑》，由梁俊生刻石，此墓虽无确证，但使这里成为唯一纪念任嚣的地方。任嚣墓因没有发掘难定真假，故一直未列入文物之列。本文末附上黄麟书的墓碑全文，供后人研究。

1949年初，国民政府仓皇"迁都"广州，"总统府"设在石牌，"行政院"就借用迎宾大楼，一时间成了政要出入所在。

广州解放后，迎宾大楼扩建为广东省交际处，1956年称广东迎宾馆。至20世纪80年代，这里已接待过世界120个国家和地区500多批政府首脑和代表团。我国老一辈无产阶级革命家毛泽东、刘少奇、朱德、周恩来、叶剑英、邓小平等，都在这里进行过外事活动。80年代末以后，迎宾馆对外开放，普通市民也可随意进入，领略郭沫若诗中"霞鹜齐飞冬日暖，桂兰竞秀晚风薰"的景致了。

故秦南海尉任君墓碑

附：

故秦南海尉任君墓碑

故秦南海尉任嚣墓，唐李吉甫《元和郡县志》称：在南海县北三里。宋方信孺《南海百咏》引《番禺杂志》称：在法性寺前道东四十步嚣庙下。赵宋以前，广州之民岁时祀之，香火甚盛。明初设提督府行台，清顺、康间为靖南王府，为将军署。后又析将军署之北为英国领事馆。是沉沉者历五百年，士夫足迹无因得至，而不知其中固有巍然之高冢存也。游燕赵者则必吊望诸君之墓；出田横墓下者感其高义能得士，则取酒以祭，为文而吊之焉。呜呼，以嚣之雄才大略，当暴秦时，欲因中国之乱，据岭南以图进取，赍志不遂。赵佗因之，蓄灵拥休，遂荒南越，导声明于是邦，嚣亦人杰矣哉！而庙屋坏、神位毁，廑廑乎一坏之土亦在存亡疑信之间，得毋官其地者率皆兜鍪连帅，无暇为考献征文之事，岁月积久，其名遂湮没而不彰耶？间尝即方志所载，退考疑义，而始晓然于兹丘之为嚣墓也。唐南海县即秦之番禺，在今广州之西南。朱亮祖未辟东北山麓以广广州城前，其地当为南海县北，与《元和郡县志》所言合。法性寺即今光孝寺，其四十步或四百步之讹；而寺前道东与《番禺杂志》所言合。五六年前夷将军署为民居，郡人汪兆镛于其地得数瓦：一有"高乐"字，字近石鼓文。高乐，秦县，今河北之南皮；他瓦复有郎字，园字，殿字，左、右字。汪君自为记，引《汉书·百官公卿表》、刘昭《续汉志注》，知汉有园郎之官，证"园郎"为嚣墓瓦，殿、左、右为嚣庙瓦。又以赵佗为真定人，推知嚣为高乐人，足补《史记·南越传》之缺。其言甚精博。《周礼》有冢人，有墓大夫。冢自其高言，墓自其平言。《说文》：冢，高坟也。《方言》凡葬而无坟谓之墓。粤人之葬，盖皆墓而不坟，如《檀弓》所记孔子之言者，宜其习焉而不察也。秦汉迄今二千年矣，兵燹之摧残，风雨之凌替，樵牧之蹂躏，不唯不多矣。既不若佗之多为疑冢，又不若婴齐、刘龚之墓，采发于黄武、崇祯时。意嚣之功德有以及民，天特留此培塿以动人仰止英雄之意志，所谓好古者犹能想象其所在者，兹丘即其所在，必阙地以及泉焉，吾知其值也。楼玄之至广州也，蹢躅于虞翻宅之故处，哀咽凄怆，不能自胜。其后，南城曾燠为建翻祠于光孝寺中，翻之祠未必即翻之宅也，然而其宅不远焉。论者未尝不叹燠之能过而存之也。今嚣之墓征之于古则如彼，征之于今则又如此，以保古迹，以扬先烈，以作民气，皆有司所有事，而亦吾党所不敢后人者也。麟书谨为文以镵诸石，并系之铭。铭曰：

春秋诸任，分国者十。思齐文母，祥发世及。南海置郡，实适徙民。中原豪杰，蜂起亡秦。公绝新道，待变自备。会以疾甚，属其长吏："不孤人子，不寡人妻，独人父母，仁者不为。"粤人思公，奉祠置冢，岁时烝尝，以报覆帱。秦鬼久饥，汉家亦亡，惟公赫濯，弗替炎荒。公庙之圮，莫详其世。我疑萧梁，侫佛作寺。而此封域，无缺独完。趑趄武夫，所侈游观。既隔阛阓，乃阙瞻拜。寥寥久哉，日忘所在。俗语不实，讹为妆楼。岂有卧侧，置此崇丘？夜台幽幽，前胡不咭。未入摸金，孰坚吾说？惟兹瓦当，文字实奇。绸缪刻画，似丞相斯。曰园曰殿，制侔帝者。非公是娱，畴敢僭假？凡物显晦，则亦有时。公之英灵，实式凭之。敢告粤人，兹惟公宅。古阙铭词，后死之责。公其福我，福我编氓。使我疆土，匕鬯不惊。

民国二十五年六月□□日

端州梁俊生刻石

大德路话归德门

归德门石额尚在，皇朝专制已成烟。
草堂秋涧先贤杳，一炷清香敬上天。

此诗咏的是大德路上的一段典故。

广州大德路东起广州起义路，西至人民中路，中间与解放中路、海珠中路相交。20世纪60、70年代，为了纪念救火烈士向秀丽，此路西边所连的下九路、上九路改名秀丽二路、秀丽一路，所以大德路顺延改名秀丽三路。直至1981年才复名大德路。

大德路原是明、清两代广州城南城墙西半段的所在地。民国建立后，城市建设不断发展。1921年，刚成立的广州市政府决定拆墙建路。南城墙西半段拆平建起马路后，因有归德门而改名大德路。归德门是明初洪武七年（1374）广州扩建城墙时新开的8个城门之一，位于今大德路与解放中路相交处。广州城的城门口本来都有门名石额，但拆城墙后只有归德门的石额留存至今，今藏于广州博物馆。该额高99厘米、宽163厘米，于洪武七年由广东卫都指挥使聂纬、指挥使胡通、金事杨璟同立。

归德门南面跨濠有归德桥，是明代永乐年间所建。归德桥东边曾有一座知名建筑秋涧草堂，是南海人陈英所建造。陈英，字廷佐，学识广博，四处游学后回广州隐居讲学，收了不少学生。明代初期他建秋涧草堂时，广州还未扩建南城。草堂在城外，地近4条山涧交汇处，园中花木扶疏，奇石峥嵘。陈英主张"慎独"为修身之要，人称"秋涧先生"。陈英之子陈则，官至御史，为官忠正，曾重修秋涧草堂。秋涧先生最得意之处是曾收了黄佐为徒，黄佐后成大学者。《乾隆广州府志》记秋涧先生陈英处，说"香山黄佐为英高弟"，这事却鲜为人知。

廖宗怡绘

　　黄佐十岁拜秋涧先生为师。在求学期间，黄佐博览群书，每有心得便做笔记，后来汇编成册，取名《漱芳录》，后来又写成《志学铭》，表达了人生志向。黄佐对"慎独"有独特的见解，可惜，在他功成名就之时，秋涧先生已骑鹤归西。

　　回头再说归德门。归德之意是天下归心于德，寓意很好。有人问建成马路时既因归德门而改名，为什么不叫归德路呢？市井中人说，此因广州话"归"与"龟"同音，名字叫阿德的广州人都会被人改花名（诨名）为"龟公德"，所以马路不便称为"归德"，便改为"大德"了。

归德门（历史画）

从双门底到北京路

　　相传，广州有个"双门底卖猫"的故事。说的是晚清时双门底有个花市，有人在花市上卖古董、字画，有一次，一个文人正在摆卖自己画的老虎，谁知一位逛花市的小孩来到档口前，大叫一声："哗，这么大的猫！"一时引得全场大笑。从此，广州市井中人用"双门底卖猫"一语代替了"画虎不成反类犬"的俗语。双门底在何处？就是今北京路靠近西湖路口一带。双门底的来历，真是说来话长。

　　公元前214年，秦统一岭南后，秦南海郡尉任嚣在今仓边路以西一带建任嚣城。今认为这是广州建城之始。赵佗约于公元前204年建南越国（该朝有93年历史），其王城就在今北京路北段广东省财政厅门前一带。三国时，吴国交州刺史步骘把交州治所迁至番禺（古广州名），扩大赵佗城，世称步骘城，其南门在番、禺二山之间，中间为南至海边的大道，即今北京路中段。吴黄武五年（226），始有广州的设置。唐天祐三年（906），权倾岭南的清海节度使刘隐扩大南城，命人凿低南门两侧的番山、禺山，在南门上建清海军楼，登楼览胜，羊城景色可尽收眼底。这幢高楼，正是与"双门底"之名有关。五代时梁贞明三年（917），刘隐之弟刘岩在岭南割据称帝，国号大越，次年改为"大汉"，史称南汉。刘岩定都广州城，改名兴王府。他再把清海军楼改建，人称"双阙"，并扩宽楼南面两边道路，发展商业，路南直达今大南路附近（时为海边）。

　　宋开宝四年（971），宋灭南汉后，把广州城向南拓展至江边。淳祐四年（1244），把"双阙"大规模改建，建成楼长十丈四尺、深四丈四尺、高三丈二尺，上为楼，下为两个并列的大门，俗称"双门"，从此今北京路中段一带有了"双门底"的名称。当时广州城内的商业中心就在双门底一带，约以今西湖路为界，以北是双门底上街，以南是双门底下街，下街延伸至今文明路口稍南的位置，有城门楼名"大南门"（后来门楼南面位置开马路，便称为大南路）。

元、明、清三代，双门楼皆是羊城的权威报时楼。元延祐三年（1316），广州冶铸工匠冼运行等人制作报时器"铜壶滴漏"放于楼上，白天悬挂时辰牌，晚上击柝打更，百姓称便。清顺治十年（1653），官府把双门楼改建，命名为"拱北楼"。但其楼的双门不变，双门底的商业更为热闹，而以卖书坊、古董市、花市最为著名。这里的壁鱼堂、汲古堂等书店和曾宗周朱墨店、刘中山笔店，引得骚人墨客常常驻足。有一年官方考试，作文更以"双门底卖书坊"为题目，可知书肆之盛。咸丰七年（1857），英国侵略军的炮火把拱北楼击毁。咸丰十一年（1861），拱北楼修复，同治三年（1864）再重修。直到民国拆城墙筑马路时，拱北楼才被拆掉。清代道光年间起，每到华光神诞时，民间便在双门底举办庙会，设坛诵经，打"保境安民醮"。街上搭起宽敞的篾棚，外涂饰五色花鸟虫鱼，下面以布幔承衬。还张灯结彩，陈列名花珍果、珠玉古玩，又搭彩轩，轩中奏八音，以演戏为压轴。红男绿女于辉煌灯光下摩肩接踵，流连忘返。清代时，今北京路地段由北至南依次为宣南街、双门底、雄镇直街、永清街。双门底的花市除夕摆在藩署前也越来越旺，逐渐形成广州人除夕行花街的习俗。清代《南海县志》说："花市在藩署前（按即双门底），灯月交辉，花香袭人"。张心泰《粤游小记》说："每届年暮，广州城内双门底，卖吊钟花与水仙花成市，如云如霞，大家小户售供座几，以娱岁华。"

今北京路上的铜壶滴漏

　　民国初期，广州城商业大发展，城墙已令交通不便，故有拆城之议。1913年，广东省政府设工务司策划拆广州城墙筑马路。1918年10月，广东省政府在育贤坊禺山关帝庙成立广州市政公所，并任杨永泰为督办，主理拆城筑路之事。适逢永清街失火，市政公所乘势拆掉城门，接着拆拱北楼，筑起长137米的马路。

　　至1920年，由双门底至永清街的马路完工，因清朝已被推翻，便反"永清"之意为"永汉"，故定名为永汉路。后来永汉路向北扩展至今财厅前，全长1252米。社会上流传永汉路在20世纪20、30年代曾一度改名"汉民路"，为的是纪念国民党元老胡汉民。其实，这是1936年五六月间的事。因为当时主粤的陈济棠与胡汉民的关系特别密切，胡汉民于1936年5月去世后，陈济棠才把永汉路改名汉民路。1945年，汉民路又复名永汉路。关于这次复名，社会上也流传着一种说法，据说当时主政广东道路建设的杨永泰想把自己的名字留在广州的路名上以垂久远，但当时的规矩是只有已故的历史人物才可享此殊荣。杨永泰就将汉民路复名永汉路，又将相近的万福路一段取名泰康路，这样就把"永泰"嵌入了这两个路名之中。

20世纪60年代，永汉路改名为"北京路"，沿用至今。20世纪90年代起，北京路商业步行街扬名海内外。数年前，步行街中特辟展示千年古道遗迹、拱北楼遗迹的景点，使北京路的历史文化渊源更广为人知。

门杳名存，昔日花街成美俗；

墙坚地固，过时电厂启深思。

这副对联说的是广州市海珠广场西面的五仙门与发电厂。

明清时期广州城有多个城门，当代人最记得的是五仙门。此因说起广州花市源头必说及五仙门。明代，广州的花市在城南七个城门口一带，最热闹的就是五仙门。五仙门在明朝时称五羊门，清初才改名五仙门。曾到广州越华书院掌教的浙江名士杭世骏（1693—1733），写有《五仙门》一诗。诗曰：

雁翅城回百雉尊，骑羊今识五仙门。

门迎江海分头势，岸缩蛟龙刷尾痕。

贡道开帆双虎合，洋关交市百夷屯。

苍茫指点扶胥上，秋鬓萧萧落日昏。

昔日广州河南(指广州市民俗称的珠江南岸，即今海珠区)大片农田种植素馨、茉莉两种花，花开时节，花农早上摘下鲜花，挑到江边"花渡头"（今同庆路北面江边），用船渡江到北岸，上岸后最近的城门便是五仙门，所以七门花市最旺的是五仙门一带。后来除夕花市成为广州的民俗特色，人们追溯源头，多有说及五仙门。

城门虽已杳，门名却留传。不过，延续五仙门之名"最有功"的是五仙门发电厂。五仙门发电厂是俗称，其名初称粤垣电灯公司，后称广州商办电力股份公司。清光绪二十七年（1901），英商旗昌洋行在五仙门南面建起发电厂，名为粤垣电灯公司，这是广州历史上第二家电力公司。

广州历史上最早有电灯照明的是光绪十四年（1888），当时两广总督张之洞从外国购买了一台小发电机，在省督署（今广东省民政厅内）安装小灯泡电灯。不久后，旅美华侨、台山人黄秉常想将美国的部分资金转移到国内办电厂，得到清政府出使美国、西班牙、秘鲁大臣张荫桓的支持，向张之洞推荐。光绪十五年（1889），张之洞致电张荫桓请黄秉常速来商议。之后，黄秉常集资40万美元组建广州电灯公司。继张

广州华侨博物馆

之洞后任两广总督的李瀚章，大力支持黄秉常办电灯公司。黄秉常从美国购买了两台100匹马力的发动机和两台交流发电机，聘请美国人威司任工程师，雇用工人100名。光绪十六年（1890），广州电灯公司正式开业，先后在广州城内一些店铺和公共场所安装700多盏电灯。但由于机器过于陈旧，经常发生故障，致营业不景气，广州电灯公司只好于光绪二十五年（1899）关闭。

两年后，英商办的粤垣电灯公司填补了空白。旗昌洋行建起五仙门发电厂，安装蒸汽发电机组四台共546千瓦，开业之后颇为顺利。但至光绪末年，国人认为利权不可外溢，所以在宣统元年（1909）官商合股组成广州电力股份公司，向英商赎回自办。从此，五仙门发电厂一直经营到新中国成立后，为广州人的照明立下殊勋。1952年2月，五仙门发电厂三台共1.7万千瓦发电机组与西村发电厂并网运行，联成广州电网。老广州还记得，五仙门发电厂用煤发电，搬运工人常常从南面的码头运煤进厂。20世纪70年代末，因耗用能源较大，也不环保，五仙门发电厂的发电设备被拆除，80年代初发电厂正式关闭，厂房空置。2008年，五仙门发电厂旧址被公布为广州市文物保护单位。后来，发电厂南面临街厂房首层房屋被分隔成众多商铺，统一开发成小型西餐厅、酒吧、茶艺馆、工艺品商店等。如今，这里已建为广州华侨博物馆。2022年，发电厂旧址入选广州市第一批工业遗产。2023年又入选广州市第二批文物保护利用典型案例。

据《羊城晚报》载文，在改建装修的过程中，工人发现厂房内的水泥墙体坚硬非常，想在上面钻

个洞也十分艰难！ 想削平部分水泥柱， 但用先进机械也无法奏效。厂房的钢窗玻璃内嵌铜丝，摔地不碎，装修工人称为奇迹。 史料记载， 当初建立厂房时浇灌 0.9 米厚钢筋混凝土为地台，烟囱也是钢制的。

五仙门发电厂经百年时光仍墙坚地固， 这种高质量真令人慨叹。

曾嵘绘

> 蛇状曲流风景美，诗人兴起畅游江。
> 高车驷马烟云去，此日崇楼耀百窗。

今越秀区西华路东段北侧，有一条叫"司马街"的大街。清代时，这里一带有驷马桥、驷马直街及驷马巷（此两巷至20世纪80年代尚存）、驷马坊（1982年改名骏马坊）。这些"驷马"之名源于这里紧贴驷马涌。

古代驷马涌弯弯曲曲如灵蛇，花木欣荣，堪称风景绝佳之地。从汉代到唐代，从北方乘船来广州的官员，都走增埗河，进驷马涌，在驷马桥附近的咸船澳（拾翠洲）登岸。唐代时，拾翠洲及岸边名为津亭的接官亭也很有名。唐代名诗人陆龟蒙有《奉和袭美送李明府之任南海》诗云：

> 春尽之官直到秋，岭云深处凭栊楼。
> 居人爱近沉珠浦，候吏多来拾翠洲。

由于这条涌上多有高官来往，人们常见河涌岸上有四匹马拉的车（驷马）迎送，便把此涌命名为驷马涌。南汉时驷马桥西北的涌上建起彩虹桥，这一带风景更美。据说宋代时孔子一支后裔从韶关南迁，来到驷马涌边见到迷人的景色，便不愿再走，在此建起楼房园圃，安居于此。

元末明初，名扬诗坛的赵介，来到驷马涌畔，欣赏小桥流水着了迷，一时兴起跳下江中游泳，人们还以为他失足落水，留下一段佳话。赵介（1343—1389），字伯贞，番禺人，人称临清先生。他自小勤奋读书，才华横溢，但却不想做官，也不喜近达官贵人。地方官多次推荐他为官，他均辞谢。他教子有方，因第四子赵纯后来为官颇有政绩，朝廷追赠其父赵介为"监察御史"。赵介于元末明初常与孙西庵、王佐、李德、黄哲等雅集于南园抗风轩（今文德南路聚贤坊附近），开岭南诗坛雄直之风，人称"南园五子"。赵介有诗咏及驷马涌，可知元末明初尚有驷马这名：

> 断桥冲破百步遥，何时鞭石驾长桥。
> 苍龙饮水涵秋月，蟛蜞横空锁暮潮。
> 此柱无人题驷马，夕阳有客系兰桡。
> 蹇驴晓踏新泥滑，恰似灞桥春色消。

曾嵘绘

　　清初顺治年间，尚可喜、耿继茂率兵攻陷广州后，分别被封为平南王、靖南王。两王各自占据地盘养马，耿继茂占据城西，在驷马直街及以西一带放牧马匹，弄得驷马涌的景色也毁于一旦。当时官府崇尚养马，在驷马直街之西建起一间司马庙，后来遂有司马庙前、司马坊两条街道。

　　20世纪末，昔日驷马桥一带建起高楼大厦，我们只能遥想当年高车驷马往来于驷马涌边的繁华景象了。

应元路得名的来历

广州越秀公园南面，有一条路叫应元路。这条路的得名与广州清代的应元书院有关。

清代同治九年（1870），广州布政使王凯泰和同僚聊起广州的人才培养问题，深有感触。当时有很多考上举人的人，能马上当官的并不多，大多在家待命，很难再次求学。于是王凯泰和众人商量，捐资办了一所书院，定名为"应元书院"，专门提供给举人出身的人员继续求学，以便应进士试，聘请广东的学界名流讲学。书院成立时，他亲自撰写《应元书院志略》，预言广东明年一定会有人考中状元。当年有十几个举人入院读书，其中有一个叫梁耀枢的举人在第二年果然高中状元。

消息传到广州，大家都为王凯泰预言准确而感到震惊，应元书院名声大振。凡广东的举人，无论是广州本地的还是其他地方的，纷纷慕名到应元书院求学，历年都有人高中。

辛亥革命后，当局为了纪念革命先驱朱执信，在应元书院旧址建立执信中学。有一次，著名学者蔡元培先生以校董会成员的身份来到执信中学视察，看到王凯泰撰写的《应元书院志略》，感叹社会之变化，时事之变迁，开玩笑地对随行的人员说："要是我早生二十年，说不定会应我蔡元培之元呢！"随行人员说："以先生之学问，应个状元是不会有问题的。"

说完之后，蔡元培也没有当回事。有意思的是，当天晚上，蔡元培居然做了一个梦，梦见一位须发皆白的老学者和自己讲起四书五经来，然后又模模糊糊听到锣鼓喧闹之声，

他和老者一起出门观看，只听有人高声报告："蔡元培蔡老爷高中进士一甲第一名——状元！" 正在高兴之际，一觉醒来，发现自己睡在床上，想起梦中情景，觉得异常好笑。第二天，蔡元培将梦中情景告诉当时正在广州的李大钊，李大钊开玩笑地对蔡元培说："可能是先生的学问得到王凯泰布政使的认可，所以托个好梦与你神交。"

执信中学当时确是出了不少的名人，校董会中有李大钊、蔡元培、廖仲恺等知名人士，教员中有邓颖超等，廖仲恺的儿子廖承志曾就读于该校。后来执信中学迁往执信路，应元书院旧址附近新建了广州市第二中学。

应元书院全貌图

学宫街与南海学宫

在广州市解放中路与米市路之间，有一条东西走向、长200多米、宽4米多的学宫街。这里是元、明、清三朝南海县学所在地，清代称为南海学宫，因此1918年筑马路、辟内街时，便称为学宫街。

提起南海学宫，那真是源远流长、沧桑多变。

南海学宫的历史，应追溯到700多年前的宋代。据《广州府志》载："南海县学，原在郡西南隅。始附于郡学西庑，宋嘉定二年（1209）知县宋钧建于县东六十步。"但至宋末被一场大火烧掉了。到了元代至元三十年（1293），南海县学重建于城西高桂坊崔菊坡祠旧址，即今学宫街中。至明代洪武三年（1370），皇帝下令兴学，官府把县学重新装修。洪武二十六年（1393），县学改门南向。正统八年（1443）提学佥事彭琉在县学中创建尊经阁，以后又陆续增建祠、殿、台、池。景泰三年（1452）再增建。成化五年（1469），知县吴中改棂星门的木柱为石柱。至清代顺治七年（1650），尚可喜、耿继茂率清兵攻入广州，驻军城内的清兵进驻县学庑舍，还在里面牧马，县学被糟蹋得不成样子。乾隆二年（1737），县学才旧址尽复，装修一新。嘉庆年间，朝廷提倡兴学，南海县进士谢兰生等筹资重新修建后，县学称"南海学宫"。

南海学宫的范围，据《白云粤秀二山合志》说："东至忠贤街（今解放中路忠贤坊），西至新店街（今米市路），北至蒲宜人巷（今普宁里），南至华紫巷（今玉华坊）。"《南海县志》中说到南海学宫占地面积"地纵六十五丈，横二十八或

二十五丈"，从南至北的建构依次为戟门、泮池、大成门、露台、大成殿、崇圣祠、尊经阁。

　　南海学宫的主体建筑是尊经阁。它自彭琉创建，经乾隆、嘉庆、光绪年间不断重修，规模宏壮，青砖绿瓦，石柱翘翎，古色古香，布局别致，内祀孔子及七十二贤像，整座建筑气势不凡。

林广平绘

百岁坊与百岁老人考科举

如今中外老人读大学的事例不少，其实在中国古代历史上，也有年逾古稀尚求"学位"者。在广州，就有这样的例子。

中山四路中段南面的众多横街里，有一条小巷叫百岁坊，它的街名源自一位"百岁秀才"，这位老秀才叫王健寒。

清代康熙皇帝执政时，王健寒便住在这条小巷里。数十年中，他寒窗苦读、铁砚磨穿，却总是科场失意。不过，他好读书之志坚定不移，入考场也成了瘾。后来到乾隆年间，终于在一次与孙儿王球同入考场时，爷孙两人并中秀才，王健寒才了却心愿。算来他已在科场中拼搏了70个年头！

王健寒经历了康熙、雍正、乾隆三朝，寿过103岁，人称他为"百岁秀才"。此事传到京城，引得官员、文人们津津乐道。有人赠联给王老先生曰："泮水遨游七十载；圣朝培养百年人。"意思是王老先生在科场中努力了70年，也可见朝廷育人不以年龄分彼此。虽然此对联未免有替封建科举制度涂脂抹粉之嫌，却也反映了官员们并无歧视老人赴考之心。另有官员送给王老先生一匾额："岭南春永"，誉他为岭南地区的不老春光，此也可见古人是肯定老人"学到老"的精神的。这些鼓励老人成才的联语、赠言传到市井之中，人们便把王健寒居住的小巷称为"百岁坊"，街名一直流传至今。

李伟文绘

培正路与名校培正

正道栽培，百年名校誉传天下；

八方结果，几代师生德播古今。

越秀区东山有条培正路，因路上有培正学堂而得名，"培正"之名亦享誉海外。

清光绪十五年（1889），两广基督教浸信会的华人教徒廖德山等人在广州秉政街（今中山四路内街）创办培正书塾，逐渐吸引华侨子弟入学。1907年，迁至今培正路，改名培正学堂，1912年改名培正学校，以后分为培正中学、培正小学。自迁到现址后，校长黄启明先后数次赴南洋及美洲募捐，得款数十万元，陆续增建校舍、增添教学设备。1918年起，又增建古巴堂、澳洲堂、美洲堂、图书馆等建筑，海外华侨亦纷纷送子弟来校就读。抗日战争期间，培正学校曾在澳门设分校及在粤北、广西办联校。抗战胜利后，培正迁回现址。新任校长冯棠于1947年带着10万美元的华侨捐款由美国回到广州，进一步充实学校设施，兴建礼堂等建筑。如今培正校园仍是古朴而典雅，一栋栋红砖绿瓦的老楼掩映于参天古树之间，其中几幢名建筑更有纪念价值。如1999年7月公布为广州市文物保护单位的美洲华侨纪念堂，始建于纪念培正建校40周年的1929年，由美洲华侨捐资建成，现为学校行政办公楼。又如建于1918年的王广昌寄宿舍，是当时校友、大东银行的股东王国璇为纪念培正建校30周年捐资兴建的学生宿舍，以其父的名字命名。现为男生宿舍。

20世纪60、70年代，培正的校名几经变易，先后改名为

培正美洲堂

广州市培正中学图书馆

广州市培正中学正门

广州市人民第一中学、广州市第五十七中学。1984年复名"培正"。1989年12月14日，海内外培正校友和师生共同集资194万元人民币兴建的培正中学一百周年纪念堂竣工。

1990年举行培正一百周年校庆时，海内外有三千多校友归宁母校。曾长期担任广州、香港培正校监，旅居美国的八旬老人黄汝光博士，不仅发动了四十多位旅美校友归宁，而且偕同夫人、儿孙等七人回来，还亲自创作了《培正中学创校百周年纪念歌》给大会演唱。

百年沧桑，培正师生英才辈出。校友中有13个院士，包括美国核专家罗竹年、诺贝尔奖得主崔琦和获号称数学诺贝尔奖的"菲尔兹奖"得主丘成桐等。如今培正校友遍布世界，达七万余人（以美洲及澳洲最多），76个同学会构成庞大的校友网。

培正的校风、教育理念、团队精神，培正的名字，继续激励着一代又一代的年轻学子。

谜语：凤山进城（猜一广州菜名）。

谜底：炸蛋。

这是流行于民国初期的市井谜语，与天字码头及附近名叫"接官亭"的小巷有关。

说起天字码头，想起2008年有关它的迁移之说曾引起传媒关注、市民争论。但当时问起一般人天字码头原来在什么地方？十个有九个答不上来。

北京南路东侧有一条连着仓前直街的小巷叫接官亭，源于这里曾有一个"接官亭"，此亭南面便连着天字码头。今日江边的"天字码头"并非清代时原汁原味的天字码头。

天字码头建于清代雍正初年，是广州城边最早专供泊官船的码头，因专门为官员所用，故称天字码头。雍正七年（1729），广东布政使王士俊在码头前增建日近亭。这个"日"并非指太阳，而是喻皇帝。这里是省城文武官员迎接由京赴任之官的地方，上船时例必先恭请皇帝圣安，故名"日近"。因是接官之亭，故俗称接官亭。

天字码头在广州城正南门外。当时广州的粮仓正南仓、中南仓都在此附近，所以天字码头也成为广东省粮道水上寄运暂贮之所。同治十年（1871）前，这里还有到香港、长洲、大澳等航线。光绪十二年（1886），两广总督张之洞在天字码头前筑长堤120丈（近400米），是为广州第一条马路。此后，码头改作民用，往来香港、长洲、东莞及广州珠江南岸的船只都在此处停泊。

1911年辛亥革命前夕，清朝廷派凤山将军为驻粤将军。凤山由天字码头登岸乘轿进城，经接官亭到仓前直街时，被革命党人以炸弹炸死。所以，民国成立之初，广州的灯谜爱好者便创作了本文开头记的谜语。

天字码头有不少名人留迹。道光十九年（1839），林则徐到广东禁烟便在天字码头登岸，以广州水师提督关天培为首的官员在天字码头迎接，场面甚为隆重。民国前后，孙中山多次乘船离粤或返粤，均经天字码头。

进入民国时期，珠江北岸已南移百米，天字码头也迁到现址——当然不是现在所见的规模。1919年5月29日上午，广州各校学生约三万人声援五四运动，自天字码头出发举行爱国示威游行。1927年，中国共产党领导的广州起义爆发，教导团女兵班在天字码头一带抗击国民党军队，除一人生还外全部壮烈牺牲。

天字码头

勇嵘
2023.5

曾嵘绘

　　中华人民共和国成立后，天字码头越变越靓。1964年建成砖、石、混凝土结构，建筑面积416平方米。1980年，又改建为钢筋混凝土结构，长60米、宽11米、高5米。后又新建两层混凝土建筑，装饰华丽。可以说，天字码头的变化也是改革开放前后变化的一个缩影。

书香阵阵漫书坊，学院衙前学子忙。
锦绣前程由此起，文章正气胜星光。

越秀区惠福东路有条书坊街，书坊街最见广州老城区的文化底蕴。书坊街之名始于何时已不可考，但至少在清雍正年间已见于史书记载。

所谓"书坊"，并非全等于当代的"书店"。古代书坊的业务，起码包括自行编印书籍出售、承接刻印书籍、代销书籍三类业务，可以说集编辑、出版、发行于一身，功能相当于当世的出版社了。

清代，书坊街南面是提督学院，即督学的住所，是管理一省教育的最高衙门。因此，书坊街又称"学院前"或"学院衙前"。由于此处生员、文人来往众多，所以学院门前大路两旁书坊成行成市，刻印销售与科举考试有关的书籍，还有经、史、子、集各类书籍，也招揽文人刻印书籍。文人也常到此寻找合用的书籍，或相互作学术交流。

晚清时书坊街知名的书坊有：守经堂、艺芳斋、合璧斋、翰元楼、广文堂、启文堂、传经堂、萃经堂、翰芳斋、翰文堂、聚德堂、宝经阁、麟书阁、鸿都阁、聚升堂、润经阁、心简斋、聚英堂等。当时广州书坊主人最著名者——骆浩泉，开设登云阁、翰墨园两家书坊，精目录版本之学。骆浩泉退休后继理业务者是马宾甫，也是饱学之士。据说当时书坊街有牌楼，石匾上刻有"书芳街"三字，后来牌楼毁去，刻有"书芳街"三字的条石仍铺在书坊街南端的地面上，现在不知哪里去了。

　　如今的书坊街只是一条小巷，但它正北的马路是教育路，也许"教育"之名亦与书坊街有关，当年的书坊街似是包括如今的教育路的。

　　附带说一句，清代广州老城区的书坊集中地还有双门底（今北京路）、西湖街（今西湖路）、九曜坊、龙藏街等地。

廖宗怡绘

四牌楼的牌楼

语云："四牌楼的牌楼——一下子说不清楚。"

"四牌楼"，这个广州城的老地名，曾是城中最热闹的地方。规范语说的牌坊，广州人叫"牌楼"。要问四牌楼历史上是什么牌楼？一下子可以"考起"众多学者，特别是中青年学者。这个"考起"乃粤语，就是"答不上来"之意，故有上面说的广州歇后语。

七八十岁的老广州会说：四牌楼就是今日的解放中路，过去这里有四座牌楼呀！

这个答案是不够准确的，如果说"晚清至民国时，四牌楼即今日的解放中路"，这才准确。但这段时间却不是有四座牌楼，而是有五座牌楼！而说到明代时的四牌楼，却不在今之解放中路，那时的四座牌楼更与晚清的几座牌楼不同！正因为这样，所以看当代不同的作者介绍四牌楼的文章说到具体的牌楼名时便常见矛盾。在此仔细梳理，说清楚其来龙去脉吧。

20世纪50年代改名为解放中路的"四牌楼"大街，明清时正式名字先后叫忠贤街、归德直街，具体位置是今北起中山五路口，南至惠福西路口那段解放中路。晚清时，此街上由北到南的五座建于明代的石砌牌坊依次为：盛世直臣牌坊、乙丑进士牌坊、承恩五代牌坊、奕世台光牌坊、戊辰进士牌坊。盛世直臣牌坊，为明代著名直臣海瑞而立，这牌坊是清代同治四年（1865）才从仓边街（今仓边路）移到此处的。乙丑进士牌坊，为李觉斯、梁士济、罗亦儒、吴元翰、岑之豹、

廖宗怡绘

尹明翼及高魁等七位明朝天启五年（乙丑年，即 1625 年）进士而立。其中李觉斯是东莞人，官至刑部尚书；梁士济是南海县人，官至监察御史。承恩五代牌坊，为何祥熊而立。何祥熊是新会人，明万历二十年（1592）进士，官至吏部尚书。奕世台光牌坊，为黄士俊一家三代而立。黄士俊是顺德人，明万历三十年（1602）状元，官至文渊阁大学士（相当于丞相）。戊辰进士牌坊，为梁衍泗等几位崇祯元年（戊辰年，即 1628 年）进士而立。梁衍泗是南海人，官至副都御史。

1929 年，广州拆城墙建马路，归德直街改称中华中路，但五座牌坊依旧矗立于马路中间，每座相距二三十米不等，建筑式样大致相同，以石柱、石幔、石梁、石匾等叠架而成，上有檐盖。三个石门当中的较宽一个可过中型汽车，两侧小门可过人力车（黄包车）。至 1947 年时，因这些牌坊造成交通不畅，时有汽车撞擦的事故，政府便作出迁移的决定，广州工务局制定了搬迁的计划。于是，奕世台光牌坊及戊辰进士牌坊分别移到汉民公园（后来的儿童公园，今南越王宫遗址范围）的南门、西门；盛世直臣牌坊及承恩五代牌坊移到中山纪念堂北面越秀山百步梯入口石级处；乙丑进士牌坊移置岭南大学（今中山大学）校园，大学负责人认为这明代进士牌坊可激励学子勤奋学习，即把迁址落成之日定为大学的励学日。移至越秀山百步梯的两座牌坊在 20 世纪 50 年代初已被拆毁，其余三座则毁于"破四旧"风暴。所幸乙丑进士牌坊残骸犹堆放于中山大学校内马岗顶，20 世纪 90 年代有识之士建议重修该牌坊，后岭南大学校友会捐资 70 多万元，于 1999 年 11 月修复乙丑进士牌坊，置于校内惺亭西侧。

然而，编撰于 19 世纪中期的《羊城古钞》记忠贤街上明代牌坊多达十座；民国初年印行的《广州城坊志》则记载此街上曾有十三座牌坊。那么为什么有地名叫做"四牌楼"呢？

　　原来，"四牌楼"地名最初并不指今解放中路，那四座牌楼也与前面所述的五座不同。清代道光年间印行的《白云越秀二山合志》记载，"四牌楼"是因明代广东巡抚建的四座木质牌坊而得名。嘉靖十三年（1534），广东巡抚戴璟选点巡抚署坐落的惠爱大街六约，建起惠爱坊、忠贤坊、孝友坊、贞烈坊这四座木牌楼。这是这一带最早的四座牌坊，其余的牌坊都是后来才建的。这四座牌坊分布在今解放中路口与朝天路口之间那段中山六路周边——孝友坊在今孝友东和孝友西之间；惠爱坊和贞烈坊分别在今将军东和将军西两侧；忠贤坊在今忠襄里。当时广州人所称的"四牌楼"指的是这四座，因地近巡抚署，形成一片大型商业街区，全称是"四牌楼市"。至1857年第二次鸦片战争期间，由明代广东巡抚署改为清代将军署的官衙被毁，四座木牌楼也毁掉了。

　　不过，古籍中仍记下这四座牌楼的资料。惠爱坊上题名纪念的是从秦代至明代的六十七位外地入粤先贤名宦，如任嚣、赵佗、陶侃、吴隐之、韩愈、周敦颐、王守仁等。忠贤坊纪念自周代至明代本地籍的四十九位名士先哲，如高固、邓宓、杨孚、王范、崔与之、李昴英、何真、陈献章、梁储、伦文叙等。孝友坊表彰自汉代至明代的五十四位孝亲笃友、品行高尚者，如董正、罗威、唐颂等。贞烈坊则表彰自南朝至明代的五十多位贞烈之妇。

　　就在那四座木牌楼毁了之后，忠贤街上恰巧也只剩下四座石牌楼（盛世直臣牌坊后来才迁来），广州人于是移花接木，把忠贤街（归德直街）称作"四牌楼"。自此以后四牌楼周边环境也有浓郁的文化氛围，周围学府林立、书声琅琅。如南海学宫、渭滨书院、肆江书院、三槐书院、关氏书室、范阳书院等。

　　清代，这四牌楼一带是热闹繁华之地，新春时节更是游

人如鲫，两广总督阮元曾有《羊城灯市》诗，咏此处灯市盛况：

> 海鳌云凤巧玲珑，归德门前列彩屏。
> 市火蛮宾余物力，丰年羊穗复仙灵。
> 月能彻夜春光满，人似探花马未停。
> 见说瀛洲双客到，书窗更有万灯青。

也有民间咏四牌楼灯市的《羊城竹枝词》云：

> 节近元宵乐未休，买灯花到四牌楼。
> 愿郎买得灯花后，照妾青春到白头。

1949年10月14日广州解放时，有一支解放军主力队伍由中华路进城，因此后来把中华（北、中、南）路改名为解放（北、中、南）路。

现矗立在中山大学马岗顶的乙丑进士牌坊

先烈路纪念民主革命先烈

诸公举身家性命报社会，社会举香花泪墨报诸公，后死者之责止此而已乎？北房未灭，有忝余生，誓继一十七次革命家，再接再厉；

时势以暗潮热流造英雄，英雄以黑铁赤血造时势，大丈夫所为正当如是矣！南风不止，抑谁之力，伫看四千余年光复史，大书特书。

这是民国初王文濡挽黄花岗七十二烈士的对联。2011年是辛亥革命一百周年，重温此联尤有意义。黄花岗七十二烈士墓在先烈路，这路上，凝固着中华民族推翻封建帝制创立民主共和的历史，是炎黄子孙缅怀先烈的神圣地带。据说世界上只有一条路命名为先烈路，它就在广州越秀区。

这里原是市郊沙河地区农民进城走出来的乡间小道，后来城里人也走这路去游白云山等名胜。清光绪三十二年（1906），商人集资辟建马路，命名为东沙马路，意为从大东门至沙河。从此，这条马路成了郊游路。1915年，马来亚华侨回国投资，在东沙马路做起出租汽车的生意，广州的"扬手即停、随街接客"的出租汽车服务实始于此。不过那时的出租汽车并没有现在那么小、那么靓，而且只行走于东沙马路上。

黄花岗七十二烈士墓兴建后，东沙马路在1921年更名为先烈路，至今已有百多年。如今的先烈路包括先烈南路、先烈中路、先烈东路，虽然高楼大厦不断增加，商业气氛已比

李伟文绘

百年前浓厚了很多，但是仍然掩盖不了先烈的浩然之气。

位于先烈南路青龙坊的兴中会坟场，长埋着兴中会会员的遗骸。兴中会是孙中山于1894年11月创立的第一个反清革命团体，提出"驱除鞑虏，恢复中华，创立合众政府"的民主革命纲领。后来兴中会与华兴会、光复会等革命团体合并为同盟会，终于推翻了清朝，建立中华民国。1923年，由兴中会老会员陈少白、钟荣光等27人发起，孙中山以大元帅名义下令在此修建兴中会坟场。在这里长眠的有兴中会会员潘嘉、宋绍殷、宋居仁、甄璧、甄吉庭、黄璧华、黄桂月、宋少东、黄隆生及夫人、林永伦及夫人、林海生及夫人等。

位于先烈中路的庚戌新军烈士墓，纪念清宣统二年（庚戌年，1910）在广州反清起义中壮烈牺牲的新军志士。新军是晚清政府效仿西洋军队装备及训练方法而建立起来的军队。宣统元年（1909）冬，孙中山领导的同盟会派遣会员倪映典、赵声等人在广州联络新军，建立起义总机关。1910年2月12日，倪映典率领新军在驻地燕塘起义，与清军激战于牛王庙一带（今先烈中路动物园附近）。倪映典与新军志士一百多人壮烈牺牲。中华民国成立后，在原葬地修建了这座烈士墓。20世纪60年代此墓被推平，1981年在原地复建。

黄花岗七十二烈士墓园在先烈中路79号，安葬着辛亥"三二九"广州反清起义牺牲的烈士。墓园占地12万多平方米，规模宏大、气魄雄伟。宣统三年农历三月廿九日（1911年4月27日），同盟会的160多名骨干组成选锋队（相当于突击队、敢死队），在黄兴的率领下于广州举行起义，终因寡不敌众而失败。这次起义影响巨大，孙中山先生在《黄花岗烈士事略序》中评价说："是役也，碧血横飞，浩气四塞，草木为之含悲，风云因而变色。全国久蛰之人心，乃大兴奋。怨愤所积，如怒涛排壑，不可遏抑，不半载而武昌大革命已成。则斯役之价值，直可惊天地、泣鬼神，与武昌革命之役并寿。"

起义失败后，烈士遗骸被堆放于咨议局前的空地上，革命党人潘达微想方设法以善堂名义收集了七十二具遗骸埋葬于红花岗，其后他写下《咨议局前新鬼录，黄花岗上党人碑》

一文刊于报纸上，红花岗遂改称为黄花岗。起义死难烈士后来核实有一百余人，有姓名可考者为八十六人。最令人可叹的是起义总指挥赵声，他负责率领香港的选锋队员乘船入广州，怎料航班原因不能及时参加起义。他知道起义失败后，口吐鲜血倒下。半个月后他从昏迷中醒来，写下绝笔诗后饮恨而逝，时年仅30岁。

中华民国成立后，1912年，广东军政府拨款在此处兴建烈士墓园，由著名设计师杨锡宗设计。同年5月15日（农历三月廿九）首次举行七十二烈士墓祭奠。孙中山主持祭典，并写下祭文，还亲手在墓园种植了柏树（现尚存一棵）。1918年，烈士方声洞之兄方声涛募捐继续修建墓园。次年，参议院议长林森发起向海外华侨募款，又先后增建了墓亭、纪功坊、乐台、四方塘、大门楼等，至1935年基本建成。牌坊式大门花岗石额镌刻孙中山手书"浩气长存"四个鎏金大字，让炎黄子孙永远铭记先烈们的功勋。园中邹鲁写的碑记《广州辛亥三月二十九日革命记》，记下此次起义过程及烈士芳

黄花岗七十二烈士墓

名。新中国成立后，墓园仍受保护。1961年3月，这墓园由国务院公布为全国重点文物单位。这里也是新羊城八景之一，先后名为"黄花浩气""黄花皓月"。20世纪60、70年代，七十二烈士墓遭到严重破坏。

黄花岗墓园中，附葬着兴中会会员、1900年谋炸两广总督的烈士史坚如，中国第一代飞行家冯如，还有收殓七十二烈士遗骸的老同盟会员潘达微，以及民国初期的烈士杨仙逸、邓仲元、王昌、谢铁良、苏从山等。

国共合作时期的1924年7月，孙中山以大元帅名义通令各级军政机关和民众团体，此后以公历3月29日为黄花岗烈士法定纪念日。

小东营与"三二九"起义

越华路有条叫小东营的小街，其名源于明代回族驻军兵营。明朝成化年间，两广瑶人起义，当时的两广总督韩雍上疏请调南京教门（回族）官军千余人至广州镇压。后因征瑶有功，封回族军队指挥羽士夫、马黑麻等世袭驻扎广州，设大东营、小东营、西营、竹筒4个营。明末，小东营仍是回族兵行营，现尚存的清真寺是当时回族兵做礼拜的寺。

小东营5号是清末广州"三二九"起义指挥部旧址。1911年4月27日（农历三月廿九日），广州爆发了震惊全国、旨在推翻清朝统治的"三二九"起义（后称"黄花岗起义"）。此次起义是由孙中山先生秘密召集同盟会主要领导和骨干，于1910年11月在马来半岛槟榔屿开会决定的。1911年4月，负责筹备起义的统筹部部长黄兴由香港抵穗，将起义指挥部设在小东营5号，这是因为此地距两广总督署较近，方便出击。4月27日下午5时半，黄兴亲率选锋队（敢死队）一百多人由此地出发，攻打清两广总督署。这次起义虽然失败，却是促进辛亥革命成功的重因，因此孙中山对此次起义评价极高："则斯役之价值，直可惊天地、泣鬼神，与武昌革命之役并寿。"（见孙中山《黄花岗烈士事略》序文）为此，这座指挥部旧址于1958年被辟为广州"三二九"起义指挥部旧址纪念馆；1962年被广东省人民政府公布为广东省文物保护单位。

小东营5号是一座颇具岭南民居特色的青砖大屋建筑，坐北向南，占地500余平方米，清代是某官员住宅，称"朝议第"，后虽几经易主，大屋仍保持原有的四进三开间、单

小东营三二九起义指挥部旧址

层、两面坡顶素瓦的格局。 跨进趟栊门， 可见院内每进之间均以天井相隔，木雕花隔扇朴实大方。"三二九" 起义指挥部旧址内有厅、房、厨、厕， 有黄兴手书悼念起义烈士的对联"七十二健儿酣战春云湛碧血；四百兆国子愁看秋雨湿黄花"，还有烈士遗照，以及被子弹打花了的石狮子等。

"财厅前"源起财政厅

财神旺地传花市，
总统英姿镇岭南。

笔者此联说的是20世纪20年代初财厅前的辉煌。今北京路北段旧地名叫财厅前，也即财政厅前面之意，曾是广州市历史上知名之地。

明清两代，这里都是广东承宣布政使司（简称布政司）所在地（又称藩司衙门，简称藩署）前面，故称藩署前。藩署前一带在晚清时已是花市所在地。同治十一年（1872）的《续修南海县志》记这里"灯月交辉，花香袭人"。宣统年间（1909—1911）续修的《番禺县续志》也记载："花市在藩署前，岁除犹盛。"后来花市向南延伸，形成双门底花市，光绪年间张心泰的《粤游小志》说："每届年暮，广州城内双门底卖吊钟花与水仙花成市，如云如霞，大家小户售供座几，以娱岁华。"那时藩署前至双门底的北段卖吊钟花、桃花为主，双门底南段则卖水仙花为主。中华民国成立后，在藩署建起广东省财政厅，20世纪20年代财厅前至双门底一带形成除夕花市，热闹非常。坊间传说财政厅一带有财神"照住"（粤语庇佑之意），所以花市必然兴旺云云。

不过财厅前的闻名主要原因并非花市，而是三次在广州建立革命政权的孙中山。民国初期，财政厅是广州标志性建筑之一。这是一幢仿欧洲古典建筑风格的砖、木、钢筋混凝土结构大楼。建筑工程分两期，第一期工程建三层，1915年

财政厅

奠基，1919年完工。大楼门顶石匾刻有"广东财政厅""中华民国八年六月吉日"字样。第二期工程建第四、五层及穹隆顶。该楼占地面积约为1036平方米，平面呈凹字形。首层作基座处理，开平缓的旋拱。沿花岗石阶梯上便到第二层，正面大门有仿罗马多立克式巨柱，双柱和方壁柱贯通到三楼

梁培龙绘

檐部，颇有气势。三楼起拱券廊，四楼起双柱承托檐部。二楼内正中有螺旋形梯，楼顶女儿墙线脚与大楼顶檐沿线相协调，浑然一体。第三层东西两侧有阳台。

　　孙中山第二次在广州建立革命政权时，与财政厅有不解之缘。1921年4月13日，孙中山在财政厅大楼与国会议员举行茶话会。4月24日，孙中山在财政厅欢迎陈炯明率援闽粤军回到广州。5月5日，孙中山在财政厅宣誓就任非常大总统，又在财政厅阳台检阅庆祝游行群众队伍。后来由于政见不同，时任广东省省长陈炯明与孙中山发生矛盾。孙中山主张武力统一中国，陈炯明主张联省自治。矛盾激化后，孙中山于1922年4月21日免去陈炯明粤军总司令、广东省省长等职务。6月12日，孙中山在财政厅举行新闻发布会，力数陈炯明反对北伐之举。15日晚，陈炯明属下叶举部队炮轰越秀山下的总统府（今中山纪念堂址），与孙中山决裂，终致引发以后讨伐陈炯明的东征战事。最终陈炯明通电下野，后蛰居香港。1925年3月12日孙中山逝世，陈炯明撰挽联云：

> 唯英雄能生人杀人，功首罪魁，自有千秋青史在；
> 与故交曾一战再战，私情公谊，全凭一寸赤心知。

财政厅在一年多的时间内，见证了孙与陈从握手到交恶的全过程。

1955年的财厅前北京路花市

府前路与市政府

见证沧桑说府前，辉煌建筑记先贤。

难忘最是入城式，漫卷红旗喜万千。

这是一位诗人于广州解放初咏及越秀区府前路的诗篇。府前路因位于广州市政府前面而得名。有人以为府前路是广州解放后才命名，其实早在20世纪30年代已有了。

今广州市政府大院及人民公园一带，在清代时属广东巡抚署范围。民国初期孙中山在广州第一次建立革命政权时，建议把旧官衙改为公园，后来这里便建起"第一公园"（后称中央公园，50年代改为人民公园）。

20年代末陈济棠主粤之初，决定在第一公园北部建设广州市政府合署楼。1929年10月到1930年10月，当局公开征集设计图样，广州著名建筑计师林克明的设计获第一名。其设计被定为实施方案，形式是仿中国古典建筑官署。

林克明（1900—1999），东莞人，1920年留学法国，毕业于里昂建筑工程学院后，在巴黎建筑事务所随名建筑师Tony Carnier从事设计工作。1926年回国，曾负责设计广东省立图书馆（今孙中山文献馆）。1930年建设中山纪念堂时，他任工程顾问，主持现场监理工作。在建广州市政府合署楼时，他负责技术设计工作。1933年，他参加广东省政府合署楼设计方案竞赛时，又获金牌奖。以后，又设计过广州市多所学校、戏院。他于1932年创办华南地区高等院校第一个建筑工程系。抗日战争期间，他避居越南。抗战胜利后回到广州。广州解放之初，他被入城解放军宁睡街上也不扰民居所感动，主动让出位于越秀北路394号的住宅给解放军居住。50年代初，他率专家小组勘察毁于火灾、被美国专家鉴定为毫无修复价值的城外大新公司大楼，认为该楼钢筋骨架完好，可以修复改建。结果该大楼修建成南方大厦，一直使用至今。以后，林克明历任广州市建筑工程局局长、广州市设计院院长及总工程师、广州市建筑工程学校校长、城建大学校长、华南工学院（今华南理工大学）建筑系教授、广州市政协副主席等职。他担任方案设计或主持设计的著名建筑项目有中苏友好大厦、广东科学馆、新爱群大厦、广州宾馆等十多项。

市政府合署楼第一期工程于1931年7月10日奠基，1934年10月竣工。大楼建筑面积1.3万平方米，整座建筑雄伟端庄，宫殿式建筑风格。建成后，市政府所属财政、土地、工务、卫生四局先迁入办公。大楼南面的马路改名为"府前路"。本来还计划有第二、第三期工程，但后来因政局动荡、资金不足等原因而再没有动工。广州解放后，大楼一直是广州市人民政府办公大楼，而大楼正门前月台则是解放军进城式检阅台旧址。

1949年10月14日，广州解放。11月11日，中国人民解放军在府前路的公园北面举行解放广州入城式以及庆祝广州解放大会，市府门前月台作为检阅台。检阅台上空悬挂的大红布横额，上书"中国人民解放军解放广州入城式暨庆祝广州解放大会"。会场上到处红旗招展，喜气洋洋，到会群众有20多万人。检阅台上有叶剑英、陈赓、邓华、赖传珠、肖向荣、方方、尹林平、李章达、朱光等军政首长，受检阅的部队有解放军十五兵团、粤赣湘边纵队，以军乐队及戴红花的战马为前导，从连新路进入府前路，接受检阅后，经吉祥路与群众队伍会合后，再从惠爱路（今中山四、五路）、永汉路（今北京路）到丰宁路、长庚路、太平路（三路分别是今人民北、中、南路），举行声势浩大的游行。当时永汉路、西濠口还搭起庆祝广州解放的牌楼。游行队伍边走边喊口号及唱歌，群众夹道欢呼，庆祝广州的新生。

1989 年 12 月，广州市人民政府公布解放军进城式检阅台旧址为广州市文物保护单位。

东园成省港大罢工总部

语云："东园成省港大罢工总部——众志成城。"

沿江东路（东堤）之北，有东园路、东园横路和东园后街，其名均源自东园。邻近的挹翠路得名也因东园中曾有挹翠楼。东园位于今挹翠路与东园路交界一带，本是清末水师提督李准的花园别墅，范围南至东堤广舞台戏院一带（今东堤二马路附近），面积近2.5万平方米。园中建筑华丽，花木怡人，有可供演戏的舞台，还有名为"八阵图"的迷宫。清朝被推翻后，东园被广东省政府接管，一度成为民众游乐场。据一些高龄老人回忆，那里的"八阵图"布局巧妙，孩子进里面玩，时而惊叫迷路，时而高兴得大笑。

民国初年，同盟会老会员刘师复在西关组织晦鸣学舍，宣传无政府主义，并致力推广世界语运动。东园的接管负责人林直勉、莫红彭视刘师复为半师半友，林直勉把在东园的居室称为"东园晦鸣学社"，又在广舞台戏院召开颇有影响的世界语大会，把广州世界语学会会址设于附近。

1919年北京爆发五四运动，反帝爱国浪潮席卷全国，广州学生联合各界群众响应，成立"广州国民外交后援会""中华国难同志会广东总部"等团体，进行集会游行等活动，声援北京学生的爱国斗争。5月11日，广州国民外交后援会联络各界，在东园举行数万人参加的国民大会，盛况空前。会场里学生散发传单、张贴爱国标语。会上各代表团代表发言，揭露帝国主义侵华和卖国贼卖国的罪行。会后分成99支队伍游行，高举"国民请愿"大牌为先导。游行队伍声威壮大，

李伟文绘

游行到军政府所在地前，向军政府提出"取消二十一条""收还青岛""严惩卖国贼"三项要求，军政府负责人当众表示"尽力与争"。

以后，东园成为革命群众集会的重要场所。如1920年5月1日省港工人千余人在此集会庆祝国际劳动节；5月4日广东学生联合会等学生团体在此纪念五四运动一周年；5月9日，广州市六千多名学生在此召开国耻纪念日大会；1921年3月6日，广州各界万余人在此集会通过要求收回"关余"、呈请军政府和国会选举总统。

这里也曾举行过数次欢迎孙中山先生的集会。1912年4月，孙中山辞去临时大总统职务回广州，受到各界群众欢迎。5月3日、4日和11日，同盟会广东支部和广州新闻界等团体在东园分别为孙中山举行欢迎会，孙中山均发表了讲话。1917年7月张勋在北京复辟，孙中山率海军舰队南下广州护法。同年8月6日，广东各界群众数万人在东园召开欢迎孙中山南下护法大会，孙中山在会上发表了讲话。1920年孙中山

东园

重返广州，开始第二次护法活动。次年2月25日，军警同袍社在东园举行春宴，孙中山应邀出席并发表演说，号召军警支持组织政府。1921年4月7日，孙中山当选非常大总统，4月23日，他应邀出席粤军第一、二师排级以上军官在东园举行的恳亲会，在会上号召军人应以卫国卫民为天职，发扬爱国精神。

最令东园成为举世瞩目之地的是省港大罢工。1925年6月19日，为抗议帝国主义制造的上海"五卅惨案"，省港大罢工爆发。罢工的香港工人和广州沙面洋务工人达25万人。7月初，由中华全国总工会召开香港、广州两地罢工工人代表大会，在广州建立领导大罢工的机构——省港罢工委员会，罢工委员会及其所属组织皆借用东园办公，委员会设于东园中的"红楼"，从香港罢工回广州的工人也迁入东园搭葵棚居住。于是，东园成了省港大罢工总部，也成了帝国主义及其走狗的眼中钉。众志成城！罢工坚持长达16个月之久，封锁了香港，沉重打击了英帝国主义，这在中国工人运动史上是空前的，在世界工人运动史上也是罕见的。

1926年11月6日下午3时，省港罢工委员会的房子及东园中的葵棚，遭反动分子纵火焚烧，东园历劫犹存的仅有一座门楼及莲花池。这门楼位于今揽翠路33号，上有李准手书"东园"二字的石额，门楼灰塑尚堪品味。1984年，广州市政府拨款在原地按原貌重建"红楼"，成为省港罢工委员会旧址纪念馆。这里已被列为广东省文物保护单位。

海员亭忆海员路

语云："海员亭忆海员路——往事并不如烟。"

这个故事是一个呼吁：历史不应忘记！ 因为不知什么原因，越秀山南麓的海员路在20世纪后期改名为镇海路，更易令世人淡忘80多年前的一次惊世的工人运动。海员亭仍在，往事并不如烟，先辈的革命斗争精神永垂不朽！

在越秀山上从镇海楼（俗称五层楼）前的马路向东边的原广州美术馆（今属广州博物馆分馆）走，中间的小蟠龙冈山坡上有一座建于民国时期的海员亭。拾级而上， 先见一座四柱三间的花岗石牌坊， 中间的横匾刻着"海员亭"三字，两边次间的横匾上刻着说明海员亭由来的文字，也提及当时筑了条"海员路"。其文说：

建国十一年（按：指民国十一年即1922年），全国海员罢工，要求加薪，迄五十三日而成，南半球海运为之停顿。海员云集于广州者，奉令筑大道以达粤秀山麓（按：当时"越""粤"二字相通），日海员路。事后复拨地建筑海员亭以备纪念。

过了牌坊便见海员亭，是重檐八角攒尖顶亭，绿色琉璃瓦，高近6米，有8条白石圆柱，地面上用石米砌成蓝底黑锚白字的中华海员工业联合总会会徽。 翻阅史书， 可知此亭纪念的事件震动中外。

海员亭铭记中国第一次工人运动。20世纪初， 香港的海员干着繁重的工作， 待遇却只有外籍船员的五分之一， 住宿条件也很差。 他们往来于世界各国， 眼界大开， 受到劳工革命思想影响，认为要组织工会捍卫自己的利益，这一想法得到孙中山先生的支持，遂组织起"中华海员工业联合总会"，还设立"加薪维持团"，四出宣传的同时，三次向外轮资方提出增加工资的要求，但都被拒绝。1922年1月12日，忍无可忍的香港海员在中华海员工业联合总会的领导下，举行了罢工。宣布罢工第二天起，海员们陆续乘火车来到广州，得到各界的支持，住进一些会馆、祠堂及临时搭建的工棚。罢工的主要领导人是共产党员苏兆征、林伟民，罢工总办事处设在广州。一周内，罢工的海员、运输工人扩大到三万多人。2月1日，港英当局下令封闭香港的工会，更激起海员们的反抗。罢工得到当时广东国民政府的经济援助，中国共产党领导的中国劳动组合书记部号召全国工人给予支持，在上海等地发动工人成立"香港海员罢工后援会"。中共广东支部于2月9日发出《敬告罢工海员书》，号召工人坚持到底，争取最大胜利。广州也组织了"香港罢工后援会"，为返广州的罢工工人作后援，并协同香港罢工总办事处实行对香港的经济封锁。3月初，这次罢工发展为香港工人同盟总罢工，全港罢工人数超过十万人，使香港的航运交通全部瘫痪，一百二十多艘轮船停航，成了"死港"。这次罢工坚持了五十多天，终于迫使港英当局取消封闭工会的命令，答应增加15%～30%工资，实行新的雇用船员办法。3月5日，港英当局及外轮资方签字同意海员工会提出的条件，罢工取得胜利。罢工期间，为纪念广州人民对罢工的大力支持，回到广州的罢工工人修筑了从吉祥路北面到越秀山五层楼的马路，取名"海员罢工路"，后简称"海员路"。并计划在路旁的山坡上建一座海员亭以作纪念，但因经费不足而未建成。海员们并没有忘记这次斗争，九年之后的1931年，中共广东海员支部委员梁国英、黄玉书、罗贵生、冼禄等发起筹款续建海员亭，终于在1933年建成。

海员亭有幸保存至今，但海员路却已改名为镇海路了。

曾嵘绘

从维新路到广州起义路

变革维新，渴求新贵纾民困；
广州起义，尝试工农掌政权。

　　这副对联反映了位于越秀区、广州老城中轴线南端马路名字的变化。今之广州起义路在1919年辟马路时，取名维新路。从路名可知民国初期维新变革为一时政治潮流，表达了民众对社会改革的渴望。然而，民国初期军阀混战、"城头变幻大王旗"的政局令百姓们大失所望。1927年共产党领导的广州起义，在维新路上留下不可磨灭的印记。

　　1927年9月，中共中央致信南方局与广东省委，要求"取积极的进攻策略，以围攻广州为主要目标"。11月17日，中共中央常委会通过《广东工作计划决议案》，要求广东省委利用粤桂军阀争夺广东地盘内争加剧之机发动起义，夺取政权。同月26日，广东省委常委会议一致决定立即在广州发动工农兵武装起义，建立革命军事委员会，张太雷任总指挥。同时成立起义总指挥部，叶挺为军事总指挥。12月7日，广州工人代表大会召开秘密的代表会议，通过起义行动计划。12月11日凌晨3时半，广州起义爆发，在张太雷、叶挺、恽代英、叶剑英、杨殷、周文雍、聂荣臻等人领导下，第四军教导团、警卫团、工人赤卫队及近郊农民近6000人投入战斗。经两小时战斗后，起义队伍占领了广州市河北（珠江北岸）大部分地区。上午6时，维新路公安局大楼顶上升起一面有铁锤、镰刀图案的大红旗，上午8时，广州苏维埃政府（后人称广州公社）宣告成立。

打倒豪绅地主！

广州起义纪念馆会议厅

　　起义爆发后，反动军阀立即停止内争，联合对付起义军。因寡不敌众，起义部队于 13 日下午被迫撤出广州。广州苏维埃政府仅存在 3 天便解体了。广州起义虽然失败了，但它是中国共产党领导工农武装在城市建立苏维埃政权的一次伟大尝试；它和南昌起义、秋收起义一起，成为共产党领导革命战争、创建革命军队、实行工农武装割据的伟大开端。

　　当年维新路上的广州苏维埃政府的四周有两米高的围墙，大门后有花园，正中为苏维埃政府办公楼，北楼为工农红军指挥部，南楼为警卫连连部，东北面为监狱，总面积近 6000 平方米。当年苏维埃政府使用过的建筑先后于 1987 年、2005

广州起义纪念馆

广州起义纪念馆（局部）

平方米。当年苏维埃政府使用过的建筑先后于1987年、2005年由政府拨款进行维修，并按原貌复原，辟为广州起义纪念馆。1961年3月，广州公社旧址由国务院公布为全国重点文物保护单位。1966年，维新路改名为广州起义路。

风物故事

挞子大街寻神秘古湖

> 沧桑变幻似曾识，越秀山头眺四方。
> 沉夜湖踪何处觅？街名犹记旧池塘。

此诗是对广州越秀山南面一带沧桑变幻的感叹。远溯历史地理，这一带的湖泊颇有神秘感，这得从至今尚存的挞子大街的得名说起。

挞子大街之名，源于这里明末清初时是挞子大鱼塘，后来填塘建街，遂以"挞子"为名了。有人认为"挞子"之名有"种族歧视"之嫌，故编造一个"民间故事"来岔开话题，说是以前这里有个妈妈对儿子要求很严格，儿子不专心读书便鞭挞他，因打儿子出了名，连地名也称"挞子"了。其实不需编故事，因为"挞子"的原义并无歧视少数民族之意。

"挞子"一名源于"鞑靼"，原指蒙古族人。至明代初期，官军中亦有鞑靼军士，即元军残部投诚归附者。这些军士并非全是蒙古人，其中不少是回族人，官方文件统称为"鞑官兵"，后来简化为"达官兵"或"达人"，俗称"达子"，亦写作"挞子"。大鱼塘为挞子官员所有，便俗称为挞子大鱼塘了。明代景泰与成化年间，先后两次有千余名达官兵安置在广州，这些挞子是能征惯战的回族军人，对朝廷也忠心耿耿。他们的后代仍保留军户身份，在明末抗击清兵保卫广州战役中亦出力不少，当时在南明永历朝任都督同知的羽凤麒以及撒之浮、马承祖率达官兵力抗清兵殉国，被誉为"教门三忠"（回族人信奉伊斯兰教，故人称"教门"），也称"回教三忠"，三人合葬在今解放路的清真先贤古墓东侧。清初诗坛"岭南

76

三大家"之一的陈恭尹有咏羽凤麒的诗云：

> 天方为教本坚刚，受命先朝卫五羊。
> 生死只殉城下土，姓名不愧羽林郎。
> 血流大地终成碧，骨化飞尘久亦香。
> 世禄几家能矢报，为君歌此问苍茫。

综上所说可知"挞子"并非贬义的称呼。"挞子"也并非对满族人的鄙称，否则清代怎可能以"挞子"命名大鱼塘？

明末清初，挞子大街附近的越秀山南面还有莲塘、将军大鱼塘等几个池塘，此因这一带古代时曾是湖泊，这几个池塘是古湖的残迹。

古籍北宋乐史《太平寰宇记》引南朝刘宋时沈怀远写的《南越志》记："番禺县北有三湖：一曰沉夜，二曰蕈湖，三曰芝兰（即今流花湖一带）。……父老云沉夜湖者，本曾山连岫，以永嘉之末（按：指晋代永嘉年间末，即公元313年），一夕而沉，故曰'沉夜'。"

清初时，登上越秀山向南眺望，尚见一片辽阔的水面。这在清代的《白云粤秀二山合志》中有记载。当代广州知名地理学家、中山大学教授徐俊鸣生前在其著作《广州史话》（1984年10月上海人民出版社出版）提及：这些鱼塘（挞子鱼塘和将军大鱼塘等）可能即古之沉夜湖与蕈湖所在。该处在地质上为断层线所在，其下又有石灰岩，由于断层的移位或石灰岩溶洞的陷落，一夜之间沉为湖泊，并不是不可能的。

到明代，沉夜湖和蕈湖已经消失，所以明清古籍也没有提及一夜陆沉形成的神秘古湖了。

徐俊鸣的《广州史话》还记及：《永乐大典》附有番禺和南海县图，图中广州城北界距越秀山尚远（该图的资料乃明初三城合一之前），约在今东风路一带，城北有一条由东向西的城濠。

还有一说，挞子鱼塘、将军大池塘乃宋代羊城八景"菊湖云影"中菊湖的残迹。但是，古籍也有说菊湖在白云山菊坡祠边，《永乐大典》说"菊湖在番禺县蒲涧山之北"。当代广州两位知名地理学家对菊湖所在地也有不同看法，徐俊鸣认为在白云山，曾昭璇则认为在越秀山麓之左，即今挞子大街一带。双方均有不同古籍为据，因古籍没有统一说法致令学者有不同看法。不过，时至21世纪初，徐、曾两位地理学家均已作古，一般人却认定挞子大街一带便是古菊湖所在了。只是已少有人提及晋代时那一带曾有沉夜湖及蕈湖了。

时光转瞬过了千百年，如今，昔日的湖泊早已成为高楼大厦，沧海桑田此亦一证。

大石街、小北路一带（20世纪70年代）

潮音街畔听海潮

江空无月雾凄凄，一树人家柳尚齐。

独引渔灯翻楚些，潮声已过大通西。

这首《舟泊潮音街口》是清代著名文人宋湘在广州时所作。"楚些"即《楚辞》，"大通"即芳村的大通滘。从此诗可见清代在广州潮音街口听潮声之一景。

宋湘（1756—1826），广东嘉应州（今梅州市）人。清中叶广东诗坛巨擘，也是书法名家。他于乾隆五十七年（1792）中解元，嘉庆四年（1799）中进士，选翰林院庶吉士。同年十月，因父丧南归。后任广东惠州丰湖书院山长（相当于院长），因有诗集《丰湖漫草》而广为人知。数年后上京任职达十年，后又到四川、贵州、云南等地任主考官、知府。但是，他上京前在广州粤秀书院的经历却鲜有人提及。既然这里说起宋湘的《舟泊潮音街口》，那就正好多说几句他在广州的故事。

宋湘的父亲宋步云，在家乡以教书为生。宋湘自小聪慧，性情狂放不羁，22岁才考中秀才。之后只身来到广州，入粤秀书院读书，在同学中崭露头角，有"文中骐骥"的美誉。由于家境贫穷，故课余以卖文自给，而请他写字作文的纸张常堆满桌椅。他生性浪漫，常出入歌楼酒馆，有"风流才子"的习气。他在广州时，结交了黄丹书、黎简、郑炳昌、张维屏、吕坚等一批知名文士。

乾隆五十七年（1792），宋湘高中解元（乡试第一名）。因考试时诗题是《赋得鸿毛遇顺风》，他中举后写诗咏道："海日扶轮出，霞标百丈高。腾天皆虎气，得路果鸿毛。十载

游览
越秀古街巷

曾嵘绘

围灯火，来朝看锦袍。人声潮水沸，何德忝称豪。"
此诗不曾载于其诗集，唯见于他的亲笔书札中。嘉
庆八年（1803），他辞去了惠州丰湖书院山长之职后，
回到母校广州粤秀书院任院长。在粤秀书院两年间，
他特别关照穷学生，在学员中享有崇高威望，嘉应
州乡人到广州从学者众。因此，后人公认宋湘对嘉
应州文风得振影响甚大。

　　说了上面一段故事，也是为了证明潮音街口听
潮声的真实性。

　　宋代珠江广州段两岸宽阔，相距1500多米。南
宋时今海珠桥江面仍称"小海"。清代时珠江北岸线
在今海珠路以西的潮音街北部，在那里能见到潮涨
潮落的壮观景象。清初屈大均在《广东新语》中记
大汛来时情景："朝潮未落，暮潮乘之，驾以终风，
前后相蹙，海水为之沸溢。"这种海水沸溢的壮观
之景，称为"沓潮"。清末民初黄佛颐写的《广州城
坊志》中也有记潮音街对出的江面因江中多礁石，
"潮汐往来，音咽数里"。这里还曾建有听潮楼。据
说此楼高十丈，装饰华丽，专门供人月夜听潮，为
古代广州名胜之一。清代诗坛名家朱彝尊来广州时
有《夜泊珠江》一诗道："潮涌牛栏外，舟停苴户旁。
月高人不寐，隔浦是歌堂。"诗中"牛栏"是"油
栏"之误，油栏门是广州城南一个城门，即潮音街
口附近。沧海桑田，今潮音街口当然已听不到潮声，
但街名却可让人怀想古代羊城游客听潮之乐。

光孝路话光孝寺

　　光孝路得名于光孝寺。光孝寺是全国重点文物保护单位，有"岭南第一古刹"之称，是岭南地区规模最大、历史最长的禅寺，也是中国历代中外佛教文化交流的重要场所。古时外国僧人到中国传法，这里是第一个佛门"驿站"，由海路去天竺取经的中国僧人，这里是他们的"始发地"。

　　民间有俗语说"未有羊城，先有光孝"。两千多年前，这里是西汉第五代南越王赵建德未登位时的府第。三国时，成了吴国骑都尉、名学者虞翻被贬岭南时的住所。他在这里讲学约十年，并遍植苛子树，因此人们称作"虞苑""苛林"（后称诃林）。虞翻去世后，其家人捐宅为寺，起名制止寺，以后此寺多次改名。397年，昙摩耶舍来此建佛殿。称王苑朝延寺，俗称王园寺。645年改称乾明法性寺。845年改称西云道观（当时禁佛教），859年复名乾明法性寺。962年改名乾明禅院。1103年改名崇宁万寿禅寺。宋绍兴七年（1137）诏改名报恩广孝禅寺，1151年改名报恩光孝禅寺。从此一直名光孝寺。

　　光孝寺有很多传说，其中一个与北京故宫有关的鲜为人知。话说从前该寺有个后花园，花园旁住着一位姓赵的举人，其祖父曾是前朝丞相，他自己是个二世祖，虽无实学却爱附庸风雅。他的书房前有个很大的洗砚池。一日，他的书僮失手把端砚掉进池中，跳下池去找也找不着，却捞上一块青绿色的大石板。赵举人见那石板晶莹光滑，甚是可爱，便叫书僮拿到书房放于木架上，盛放古玩。后来他坐吃山空，以卖家中古玩维持生活。一日，他请一位外国珠宝商到书房。珠宝商看不上他的古玩，却看中那块青绿石块，开价三千。赵举人暗吃一惊，正犹豫间，商人又改口道："你若不肯整块出让，我可以把它分成三块，我只要中间部分。"赵答应后，商人带来玉工剖开石板，只见中间一块竟是一幅天然的山河浴日图，这令赵懊悔不已。外国商人随即带了石块急奔坡山渡口，乘船离去。岂料没走多远，突然狂风巨浪掀翻船只，船上人无一生还。至于赵举人留下的两块石板，相传原收藏于光孝寺中，后来朱元璋打天下，明军来到广州时掳去，以后献给皇帝，在北京建皇宫（今故宫）时铺这两块石板奠基。

梁天监元年（502），印度高僧智药三藏来到寺中，种下带来的菩提树幼苗，这棵菩提树成了中国第一棵佛家圣树。智药还立下神奇的预言："吾后一百七十年，有肉身菩萨在此树下开演上乘，度无量众。"此后到唐仪凤元年（676），禅宗六祖惠能果然在此说法。

六祖在此寺的"风幡论辩"则广为人知。话说禅宗初祖达摩于梁大通元年（527）来广州后，曾居此寺，还开了一个井（后人称为达摩洗钵泉）。后来禅宗传到湖北黄梅东山寺住持弘忍，是为五祖。广东新州（今新兴）人卢惠能到弘忍处求法，终得弘忍赏识，传衣钵给他，是为六祖。因避同门迫害，六祖回到广东四会在猎人队中匿藏了15年。仪凤元年（676）正月十五，他来到广州法性寺（今光孝寺）听住持印宗讲经。正巧一阵风把旗幡吹动，引得两个僧人争论起来，一个说是"风动"，另一个说是"幡动"。惠能却道："不是风动，不是幡动，仁者心动。"（仁者，对他人的尊称）此言一出，众僧呆住。住持印宗忙引惠能进方丈室，惠能便公开六祖的身份，印宗随即拜他为师，并为他在菩提树下削发剃度。他的头发便埋在至今仍存的瘗发塔下面。当年四月，惠能在法性寺"初开法门"，演说其"般若三昧"（意为"恪守空寂顿悟

林广平绘

之佛性"），从此创立南宗顿教。光孝寺因此成了佛教南派禅宗顿教的发源地。

　　光孝寺有不少珍贵文物：始建于东晋时的大雄宝殿，始建于唐代的睡佛阁（风幡阁）， 始建于北宋时的六祖殿， 唐代大悲心陀罗经幢， 南汉东铁塔、西铁塔， 明代大铜钟等。 其中一座明代石刻《光孝禅寺革除花卉供应碑记》 也有鲜为人知的趣事。 原来光孝寺在明代是广州第一大寺， 每有大节日，文武官员都聚于寺中祝颂， 所有费用皆由寺中出； 连广州府、番禺县、南海县官场摆设的花木也由光孝寺供应。 为此寺僧有苦说不出， 后来幸遇某京官来游， 得知此情， 代向广州府官员说情， 才免去供应花卉的繁重差役。 因此， 寺中立碑记载此事。

光孝寺在南宋初评"羊城八景" 时， 以"光孝菩提" 景名入选。 这中国首株菩提树， 在六祖惠能离开法性寺到韶关南华寺传法时， 曾剪下其中一枝移植到南华寺， 后长成大树。清嘉庆二年（1797）， 光孝寺的菩提树被特大的台风刮倒， 后虽扶起复生， 但一年后便枯萎。嘉庆四年（1799）， 光孝寺僧到南华寺剪取菩提树枝， 续种于光孝寺中原处， 终于长成大树， 成为佛门一段佳话。

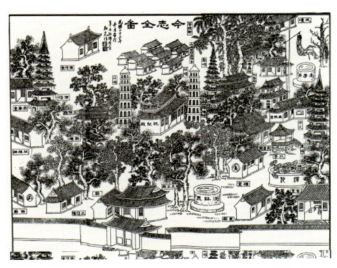

清代《光孝寺志》中刊录的光孝寺图

六榕路得名于六榕寺，该寺历史悠久、宝塔巍峨、文物荟萃，巨佛庄严，实乃旅游胜地。

六榕寺原名宝庄严寺，在南北朝时期的宋代（420—479）时已存在，但直至梁武帝大同三年（537）才广为人知。梁武帝萧衍是个虔诚的佛教信徒，派出高僧昙裕法师到东南亚扶南国求佛骨舍利回国。大同三年（537），昙裕带着舍利回到广州，因身体不适住进宝庄严寺。岂料他一住下便不愿离开，请准梁武帝后在广州长住，并在寺中建起方形六层木塔瘗藏舍利，同时扩建宝庄严寺。从此广州有了舍利塔。

唐初上元二年（675），文学界誉为"初唐四杰"之首的王勃路过广州时，恰逢宝庄严寺舍利塔重修落成。他应地方官及寺僧之邀，写下3000余字的《广州宝庄严寺舍利塔碑》一文。此文凿成碑置于寺内（清代已毁），也收入王勃的文集《王子安集》及地方志书之中，成为后人研究六榕寺的珍贵资料，也是现存最长的塔记。

五代十国时期，广州是南汉国的首府，改名兴王府，宝庄严寺也易名和寿寺。当时广州人已有庆祝上元节、中秋节的风俗，每逢节日，国王必命人在舍利塔上张灯结彩庆贺，名为"赛月金灯"。

宋朝开宝四年（971），宋军灭南汉，寺与塔均毁于战火。端拱二年（989），梦窗吉禅师重修此寺，改名净慧寺，还铸造禅宗六祖惠能铜像供奉于寺内（至今仍存）。过了数十年，南海人、曾任陕西凤翔郡宝鸡县主簿的林修居士等人，带头募捐重修佛塔。绍圣四年（1097），八面九层（内连暗层共17层）

的新塔建成，成为当时岭南高层建筑之最。因新塔龛供奉贤劫千佛像，故易名千佛塔。元符三年（1100），被贬来岭南的大文豪苏轼（东坡）遇赦北归途中逗留广州，到净慧寺游玩，寺僧请他留墨宝，他见寺中六株古榕苍劲郁勃，遂题下"六榕"二字。但到民国初年，当年苏轼见到的六株榕树已不存在了，故文人撰写的著名门联是："一塔有碑留博士，六榕无树记东坡"（上联指王勃碑文）。此联于20世纪30年代由岑学吕重书，80年代末由秦咢生重书。

元代至正十八年（1358），千佛塔端中央的塔心改为铜柱，柱身铸有1023尊浮雕小佛像和云彩缭绕的天宫宝塔图，名为"千佛铜柱"。明代洪武元年（1368），寺的大半部分被官府改为永丰谷仓，主要殿堂仅存千佛塔与观音殿。两年后寺僧于塔东重建觉皇殿，殿前建山门，从此山门东向。永乐九年（1411），寺僧把东坡遗墨"六榕"制成木匾置于山门，从此市井有人把此寺称为"六榕寺"。

清初顺治七年（1650），清兵攻入广州，尚可喜占寺的东部建平南王府（今迎宾馆），清兵驻守永丰谷仓。他们见千佛塔色彩斑斓，称之为"花塔"，又称净慧寺为"花塔庙"。乾隆六年（1741），寺僧购回永丰谷仓地盘，重建禅堂、斋堂、僧舍、客堂等，净慧寺重新成为广州佛教一大丛林。同治十三年（1874），官府拨款重修千佛塔，次年四月竣工，因为广东巡抚张兆栋撰写的《重修六榕寺佛塔记》刻碑置于寺内，从此"六榕"成了该寺的正式寺名，当代一般人已不知它曾名净慧寺，更不知它原名宝庄严寺了。

1912年5月中旬，孙中山辞去临时大总统之职后回到广州，与家人游览六榕寺，题下墨宝"平等自由博爱"。1923年，六榕寺东部被辟建为花塔街（今六榕路）及净慧公园（今迎宾馆），此后六榕寺山门退到与天王殿相连。

六榕寺与文化界颇有因缘。1926年正式成立的广东国画研究会会址设在寺中的人月堂，该会会员初时有百余人，后来发展到300多人，故人月堂成了当时广州美术活动中心之一。1935年1月9日，著名学者胡适到六榕寺游览时，也为住持铁禅的新画作拟题《寒山梅屋》，还在画上题跋。此画后来被文物部门收购，现今不知为何人收藏。

20世纪20年代，六榕寺中有"曹溪法乳"石牌坊；并建有东坡精舍，精舍前开挖"亦湖"，使寺中增加水景。30年代，寺中除有历史悠久的六祖铜像外，还有"六榕四宝"文物：西汉玉圭、辽代药师铜像、清代澹归和尚手卷、唐代玄奘顶骨。

20世纪80年代起政府拨了部分资金支持寺中维修。住持云峰大师为兴寺作了不少努力，并得到侨居美国的师弟妙峰大师等高僧及海内外众多善信的资助，重建了大雄宝殿、说法堂、功德堂、观音殿、藏经阁等建筑。

从大佛寺搬走的三尊大佛（清初文物），也得复原并镀上金身移至六榕寺的大雄宝殿中，使这所千年古刹更具吸引力。六榕寺又重刻王勃的《广州宝庄严寺舍利塔碑》嵌于寺壁中，还收藏了不少名人书画，增加了文化底蕴。

2001年8月，六榕寺宝塔再次维修竣工，塔身外墙及栏杆、屋檐全部粉饰一新，绚丽斑斓，更加吸引海内外信众与游客。2006年，六榕寺成为全国重点文物保护单位。

李建中绘

从越冈院到三元宫

> 地接越冈，井艾千秋敬鲍氏；
> 人歌珠水，灵光百粤拜三元。

老广州都知三元宫的所在，但知道它原称越冈院的便不多了。为什么叫越冈院呢？原来与越秀山的别名有关。

越秀山在晋代时别称越井冈，这是否与其南部山冈靠近前文说及的越王井有关呢？待考。东晋时，南海太守鲍靓（读音净）是一位有学问的道教徒，他在越井冈南麓修建起"越冈院"，作为修道之所。不久后，江苏句容人葛洪到此拜他为师。

葛洪与道家早有渊源，其堂叔人称"葛仙翁"，深研道法。葛洪曾当武官，立过功，但不忘钻研道家理论，也迷于炼丹，终成中国历史上有名的炼丹家（炼丹与化学大有关联，故有人称他为化学家）、医学家、道教理论家。鲍靓收他为徒后，对他很器重，还把女儿鲍姑许配给他。葛洪寓居广州约十年间，与鲍姑深研医学，还在越冈院为百姓治病，对穷人赠医施药。鲍姑擅长灸术，常用越冈院内虬龙井边的红脚艾对病人施以艾灸，治好不少人的赘瘤病，四方百姓来求医者不少。因此，鲍姑被古代百姓仙化，尊称为"鲍仙姑"。后来，为纪念鲍仙姑，人们在越冈院立像奉祀，越冈院也改称为鲍姑祠，虬龙井也改称为鲍姑井。明万历年间，该祠曾重修。

崇祯十六年（1643），朝廷钦天监来到广州视察，见越秀山"气势雄厚"，为应"天上瑞气"。建议观内改奉三元大帝。官绅遂集资塑三元大帝像于正殿供奉，把原来的鲍姑殿移到

三元宫

偏殿，从此鲍姑祠改为三元宫，越冈院之名更少有人记得了。

　　清初，顺治十三年（1656），统治广州的尚可喜下令重修扩建三元宫，落成之日请罗浮山冲虚观主持杜阳栋来主持三元宫教务。杜阳栋是道教龙门正宗的十二世传人，担任三元宫主持后，被后世道教徒奉为此宫的开山祖师。康熙四十五年（1706），三元宫重修后改名斗姥宫（斗姥是道家女神，传说为北斗众星之母）。咸丰七年（1857），第二次鸦片战争爆发时，斗姥宫亦遭火灾，幸未全毁。后来，主持黄佩青发起募捐重修三元宫，于同治九年（1870）落成。如今我们看见的三元宫正门石额的"三元宫"三字及石刻对联"三元古观，百粤名山"，就是这次重修时请翰林院学士游显庭题写的。光绪二十九年（1903），主持梁宗琪将宫产六百二十多亩田地捐给官府，在广州西关开办明敏中学，是广州最早的中学之一，因此得到朝廷钦赐"保光励学""护国佑民"两块牌匾。

道法自然 癸卯李伟文画

李伟文绘

民国初年，军阀龙济光统治广州时（1914—1916），三元宫一带被列为军事禁区，三元宫门庭冷落。至20世纪20年代重修后复见兴盛，当时有《羊城竹枝词》咏三元宫道：

> 太乙今朝是诞辰，高烧红烛紫檀熏。
> 进香男女团团转，都是西装革履人。

诗中的"都是"二字应是夸大了的，改为"不少"较合实际。

今日的三元宫，尚有纪念当年鲍仙姑以医济世的鲍姑宝殿，虬龙古井仍在。宝殿外两边石柱挂着四副木刻联，虽是今人作品，尚可令世人记得鲍姑救人的医德。在宝殿通大殿的侧门有古联发人深省：

> 祸福无门唯人自召；
> 善恶之报如影随形。

三元宫是广州市内最多对联的宗教场所，其中不少是耐人寻味的佳作，可惜没有专人对这些精神财富进行梳理编辑出版。这里再录山门背面石柱刻于光绪八年（1882）的一联供读者欣赏：

> 数十年俯仰流光，兴废存亡，恍若过眼烟云，蜃楼幻境；
> 溯曩代阴阳造化，忠奸报应，真觉青天日月，犀照无遗。

光塔路得名于怀圣寺内的光塔，怀圣寺是我国现存最古老的伊斯兰教清真寺，建于唐贞观元年（627），至今已有1300多年的历史，它铭刻着羊城是"海上丝绸之路"起点的历史印痕。

民间传说唐高祖武德年间（618—626），伊斯兰教圣人穆罕默德派门徒4人来华传教，其中的大贤艾比·宛葛素，于唐贞观初年从波斯湾经"海上丝绸之路"到达广州后，建造了怀圣寺与光塔。伊斯兰教寺院的建筑为在广州的波斯、阿拉伯商人提供了方便的宗教活动场所。

那时来广州经商的海外商人以波斯人和阿拉伯人为主，被称为"蕃客"。怀圣寺与光塔便是有力的见证。唐代时，怀圣寺与光塔的所在地一带是阿拉伯客商聚居之地，被称为"蕃坊"。

"蕃坊"的大约范围，以怀圣寺为中心，南抵今惠福路，东临今米市路、朝天路，西至今人民中路，北到今中山六路。现光塔路的玛瑙巷，唐代时是外国人卖玛瑙工艺品之地。阿拉伯商人常年侨居此地，在与本地人互市货物的同时，又带来了他们的宗教文化。

光塔高36米，塔体为圆柱形，下大上小，以石条为塔基，青砖为塔体，表面采用贝灰批荡，外观洁白光滑。塔内不分层，中竖以实心圆柱形塔芯，塔芯与塔体内壁均有右旋梯级通向塔顶。塔体上部有一个平台，平台周边建有墙栏。塔体上下共开设10个长方形窗口。从塔基到顶盘高26米，共153

民国时期的怀圣寺

个阶梯。塔顶曾做多次修葺。光塔原是伊斯兰教的"唤礼塔"，
每次礼拜前均有人登上塔顶高喊"呼唤词"，叫穆斯林快来礼
拜。古时候的珠江河北岸离光塔不远，光塔白天悬旗，晚上
挂灯，故兼有为船舶引航的航标塔功能。

大佛寺轶事

> 客上天然居，居然天上客；
> 人过大佛寺，寺佛大过人。

据说这副谐趣回文联的下联是广州谐趣文人何淡如所对。何淡如是清代同治、光绪年间住于广州的文士，长于以广州方言吟诗作对，民间流传不少他作的对联。如在二沙头游珠江时朋友出上联"珠水船如梭，横织波中锦绣"，他对"羊城塔似笔，倒写天上文章"。在芳草街的芳草诗社雅集时，有人以一句"无酒安能邀月饮"求对，他顺口说了句"有钱最好食云吞"，便对上了。云吞是广州名小食，他顺口对上，一时传为佳话。有次他与朋友上街，见到街上有人打架，引人围观，朋友说"一拳打出眼火"，他顺口对曰"对面睇见牙烟"。"牙烟"乃粤语"危险"之意，工整之极，引得听者忍不住笑。不过他作的对联中，最与地方名迹有关的便是"人过大佛寺，寺佛大过人"了，此联每比下半截是上半截倒过来读，称为回文联。据说上联乃名为"天然居"的酒家所拟，公开求对以招徕客人，却被何淡如轻易对上，也属趣事。

说起大佛寺的历史，倒有不寻常的故事。南汉时期，南汉王在广州（时称兴王府）东南西北各建七寺一共二十八寺，以应天上二十八宿之数。二十八寺中"北七寺"之一的新藏寺，就是大佛寺的前身。宋代时此寺已废。元代时在遗址上建福田庵，明代时扩建成龙藏寺。至明末，不少佛寺被占为官府办公地方，龙藏寺也成为巡抚御史公署。清初，尚可喜领兵攻打广州城时，这个公署也被大火焚毁。后来尚可喜

为攻城杀人太多而不安，欲借崇佛以减罪孽，遂于康熙二年
（1663）春，自掏腰包，在龙藏寺旧地重建新寺，次年落成，
名为大佛寺。其谋士金澄为山门作嵌名联曰"大道有岸，佛
法无边"，至今仍是脍炙人口的名联。这寺中的如来佛、药师

佛、弥勒佛三尊镶金箔的大铜佛也的确够大，各高6米、重10吨，堪称当时"岭南之最"。清中期，大佛寺范围颇大：东起今北京路，西至龙藏街，南临惠福东，北接西湖路，被誉为广府五大丛林之一。

由于大佛寺位于广州城中心，部分房舍便时有被官府占用之事。道光年间林则徐奉圣旨到广州禁烟时，曾在大佛寺设立粤省收缴烟土烟枪总局，多次到此商议禁烟斗争事宜。民国初，广东省政府占用大佛寺殿宇设立市政公所。1921年，孙中山大总统为嘉许佛教界，在此寺设立广州佛经阅经社，亲笔题赠"阐扬三密"大匾，但也保不住大佛寺永远不被占用。1922年，政府为筹军饷拍卖大佛寺部分房舍。1926年，国民政府军事委员会政治训练部在寺后两廊，举办高级政治训练班，为北伐培训高级政治干部，五十多名共产党员在此班学习，周恩来为班主任。

寺中大佛在20世纪60、70年代被转移安放于六榕寺，那

大佛寺

么如今大佛寺的大佛又是何时铸的呢？ 原来，90年代初得海内外善信捐助重修大殿、重铸大佛， 大佛是依原样重铸的，广州如今是有三双大佛了。

　　九曜坊在广州教育路的南段，它的得名可追溯到一千多年前的南汉御园。

　　五代十国时，建都广州（时称兴王府）的南汉皇帝刘岩，大兴土木，在今广州吉祥路南段和教育路一线的两侧，凿湖500余丈，营建了一个皇家园林。园景的布局以大湖（至宋代时称西湖）为中心，湖心有小岛"药洲"，环湖有奇花异卉怪石点缀，绿树丛中则亭台楼阁、离宫别殿隐现，湖、桥、石、花组成风景绝佳的园林胜地。湖的北部有黄鹂港、宝石桥、紫云阁、玉液池诸胜；湖的南部则以南宫和石景为主要景点。

　　南汉皇帝把从各地搜罗来的大批奇石点缀在湖滨，"积石如林"，美不胜收。在千姿百态的石景中，以九曜石最引人入胜。九曜石是九块奇石，"瘦""透""皱"俱备，形状大小各异，屹立于碧湖之中。与丽日晴空交相辉映时，据说奇特的石景、多变的倒影，令人看见宛如海市蜃楼的奇观。宋代著名书画家和诗人米芾在熙宁六年（1073）泛舟西湖时就写下了《九曜石》诗，其中首句为"碧海出蜃阁，青空起夏云"，以海市蜃楼和变幻多端的夏云作比，奇石奇诗相得益彰。

　　南宋嘉定元年（1208），经略使陈岘对药洲遗址加以整治，在湖面种上白莲，把湖改名为白莲池，湖畔建爱莲亭。明代，此处以"药洲春晓"为名列为"羊城八景"之一。清初，湖面逐渐淤塞缩小，但奇石犹在，清初屈大均的《广东新语·九曜石》说："九曜石……石凡九。高八九尺，或丈余。嵌叠峰兀，翠润玲珑，望之若崩云，既堕复屹。"

　　清中叶，有些奇石已被埋没在湖泥中，但识宝的学者仍

梁培龙绘

然怀念它。著名金石家翁方纲来广州时，在西湖遗址的涧池中挖出有宋代诗人米芾题刻的奇石。他还写了《九曜石考》一文记其考证心得。

由于九曜石知名度大，以至清代时附近的华佗庙亦称"九曜石庙"，庙旁的桥也称九曜桥。附近一带形成街道后则称九曜坊。

1949年，药洲遗址湖水面积仅440平方米，仅存太湖石数座。1988年开始维修药洲遗址，将埋在湖下的景石发掘出来，并向西拓展恢复部分湖面。1993年重新设计建造了仿五代风格的门楼和碑廊。有关九曜石的诗文等几十方碑刻嵌于湖北面新建的碑廊里。遗石分别是：米芾题药洲石、海上洲石、池东石、仙掌石、九曜第一石、药洲石、珠泉石。1989年6月，广东省人民政府公布药洲遗址为广东省文物保护单位，读者如想欣赏九曜石，可前往教育路南方剧院北侧的药洲遗址。

药洲遗址

流花路的得名

流花路得名于流花桥。流花桥一带在晋代时是芝兰湖，到唐末时湖已淤塞，南汉时皇帝命人疏凿芝兰湖，连接城东北的甘溪，依水筑芳春园等离宫别院。南汉皇帝与妃嫔常宴游其间。

宫苑内大湖可以通舟，岸上广植桃花、杨柳，红绿相映成趣。湖上有木桥一道，相传妃嫔、宫女早上梳妆时，把隔日的残花丢入水中，落英缤纷，随水流于木桥之下，此桥遂以"流花"为名。就是这一个传说，引得后来的文人留下不少怀古的诗词。

明代改建此桥，以石易木，并在桥上建亭，题匾"民乐"，故又称"民乐桥"。清代重修。民国时，原来南汉时的湖已淤塞为残留湖沼，这里成了枪毙犯人之地，民间语"拉你去流花桥"也就有了咒人去死之寓意。新中国成立后，这里开马路，初名西村公路。1958年，昔日的残留湖沼被开挖成人工湖，因从前有流花古桥在附近东面，遂名流花湖，马路也因此改名流花路。20世纪70年代，流花古桥下的小河改为暗渠，桥已不存，只剩下清代重修的花岗岩石板桥面，长5.48米、宽4.55米，由11块花岗岩石板并排砌成，桥石侧面刻有行书"流花古桥"四字，还可供人凭吊。

　　当年南汉皇帝和妃嫔游玩的芝兰湖，现成了人民群众游览的流花湖公园。古代文人在流花桥畔细品"流水落花春去也"的哀怨，现代的流花湖则满载广州人的欢乐。

明代名园与东皋大道

　　眼下，探讨广州历史名园的人说及清代的园林多，而说及明代的园林甚少。广州明代名园与街名有关的，当数位于越秀区范围内的东皋别业，该园原址在今中山三路东皋大道一带。此园是明代广州四大名园之一，其主人陈子履、陈子壮兄弟也非无名之辈。

　　陈子壮（1596—1647），字集生，号秋涛，广东南海人，他7岁能作文写诗，16岁中秀才，明万历四十七年（1619）中探花（殿试第三名），官至翰林院编修、礼部右侍郎。他因不满权奸当道而抨击时弊，被罢官后隐居广州，创立云涛书院，与诗友重组南园诗社，也在东皋别业中与兄陈子履等组织东皋诗社，常与爱国诗人诗酒唱和。崇祯十七年（1644）春，李自成义军攻进北京，崇祯帝自尽，明亡。五月，福王于南京登基（史称南明弘光政权），起用陈子壮为礼部尚书。南京陷于清军之手后，他重回广州。清顺治三年（1646）十一月，桂王朱由榔在广东肇庆建立南明永历政权，授陈子壮为东阁大学士兼兵部尚书，总督广东、福建、江西、湖广等地军务。差不多同时，唐王也在广州建立绍武政权。同年十二月，清军攻破广州，仅存在40余天的南明绍武政权灭亡。次年八月，陈子壮在南海九江举兵抗击清军，后约陈邦彦共攻广州，不果，驻守高明，九月清军破城，陈子壮被俘，押至广州，怒斥劝降的清将，被处锯刑而壮烈就义。传说他受刑时，刽子手拿锯锯他怎么也锯不入，他厉声而叫："锛（广州话称锯为

廖宗怡绘

锣）人需用板夹呀，蠢奴！" 闻者无不为其壮烈而感动！

东皋别业当时位于广州城的东郊，门前是长满翠竹的小道，门上大书"浣青" 二字，进门便见雕梁画栋之厅堂倚湖而立，堂外修竹夹道、假山屏立。假山东边有金粟馆，馆门前遍种木樨花。旁有一小冈，冈上有"浸月台"。冈畔有名"浴鹤" 的小池。池中有花坞。花坞旁有竹篱茅舍，四周环植荷花，陈子壮题名为"绿云堆"。园之南有梅岛、鹤径亭，还有题为"元览" 的小冈。园之西有怀新轩，轩后有金鱼池，名为"戏鳞"。园中还有稻田、菜地、荔枝林。园之北有和春庵，环境清雅。

因东皋别业风景甚佳，故明末陈子壮弟兄与黎遂球、黄圣年、欧主遇、张萱、何吾驺等诗人在此组织东皋诗社，常饮酒谈诗，纵论时弊。当时有诗咏道：

> 结庭人境似蓬莱，兰桂申椒次第栽。
> 看剑深宵龙再会，论文浃日客仍来。
> 乔枝春暖莺簧巧，瘴海风和蜃市开。
> 不用德星占太史，纵横彩笔已昭回。

陈子壮以身殉国后，东皋别业荒废，但后来仍有文人到此凭吊。如清代名诗人杭世骏有《东郭寻陈大令东皋遗业》诗道：

> 路出东郊散策遥，绣衣遗筑问前朝。
> 胜从野老书中说，迹向昆明劫里销。
> 穿行径荒生燕麦，过桥水缩散鱼苗。
> 天边羁思寒烟满，容易斜阳上柳条。

后来该园遗址一带建成街道，遂以东皋大道为名，流传至今。园名犹存，可惜知其园主人事迹者却不多了。

太平沙话太平烟浒

北京路南段有一条街叫"太平沙"。300多年间，这一带只是珠江江面上的一个沙洲，农民到沙洲上垦荒，水中种上莲藕，四周种上柳树。夏季来临时，洲上莲花盛开，绿柳低垂，风景秀丽，吸引游人。

清朝康熙年间，著名诗人陈恭尹住在育贤坊（今北京路禺山市场附近），其居室先后名小禺山舍、晚成堂。那地方离沙洲很近，因此他常常到沙洲边散步。有一次，开垦沙洲的农民在沙洲边上建了一个牌坊，看到这位经常在此散步的书生，就请他帮忙在牌坊上题字。

陈恭尹非常高兴，没想到农民也讲文雅，所以连声说没有问题。此时他欣赏沙洲周围的美景，只见晚霞中珠江两岸炊烟飘绕，旋即用隶书的笔法，大书"太平烟浒"四字，第二天命书僮送给沙洲的农民。那位农民看不懂题词含义，便问书僮所题的词是什么意思，书僮误将"太平烟浒"的"浒"当作"许"字，以为是"许多"的意思，就说题词的意思是太平世界有很多炊烟，即指你家人口繁盛，炊烟就多了。农民听了非常高兴，于是命工匠将这个题词刻在牌坊之上。书僮回家后将自己送题词的情况告诉主人，陈恭尹听到书僮对这个题词的解说时，笑得前仰后倒。当然，这个传说只是市井流传的笑话，不可当真。但陈恭尹题字的事却被民间认定了。

陈恭尹（1631—1700），字元孝，初号半峰，晚号独漉子，又号罗浮布衣。生于顺德大良城北锦岩岗。他是明末抗清爱国诗人陈邦彦之子，自小有爱国之心、报国之志。因其父领兵抗清，故他16岁已被清兵搜捕，辗转避居友人处。后奔走

太平沙

于福建、江西、浙江、江苏一带，意图与抗清义师联系，不果后回广东。后因"三藩之乱"牵连入狱。出狱后锐气消磨，居于广州，直至去世，葬于龙眼洞杨屋村的山上。他是清初著名诗人、"岭南三大家"之一。其诗感情郁勃，意象雄奇。亦工于书法。

　　陈恭尹所题的"太平烟浒"四字，遒劲飘逸，刻在牌坊上面，更是生色不少，那个牌坊很快就成了沙洲上令人注目的标志，于是人们将这块沙洲称为"太平沙"。由于这里景色宜人，富人们就在附近建起水明楼、袖海楼、遂初楼、岳雪楼等亭台楼阁，太平沙一带成了广州的著名风景区。清中叶名诗人张维屏（1780—1859）有诗句赞道："连云第宅太平沙，别出心裁第一家"，足见清中叶太平沙已颇知名。

以后，太平沙西边逐渐又有泥沙淤积成新的沙洲，人们称之为"增沙"，就是现在的"增沙街"所在地。接着附近又增加了一块沙洲，人们称之为"新沙"，现在海珠广场的华侨大厦就在此地。

凌霄里说"状元府"

庐陵事业起夷陵，胸界原从阅历增。

况有文章堪润色，不妨风骨露崚嶒。

杯分廉俸余同况，明彻冰壶尔独能。

儒吏风流政多暇，新诗好与寄吴绫。

这是清代考上状元的广州仔庄有恭之《送袁子才》诗，可见他颇有才情。古代广州人感于科场黑暗，遂流行粤俗语"一命二运三风水，四积阴功五读书"，倒也有人相信这是"高中真理"。清代时，有个追逐风水迁居广州旧仓巷以求高中的故事。

旧仓巷是仓边路南段西面、与仓边路平行的长巷。巷名"旧仓"，是因为这里一带从前是盐仓。旧仓巷北端凌霄里一带，清代时曾是庄有恭的状元府，但因追逐风水而迁居的主角却不是庄家，而是另有其人。故事记于清代刘世馨写的《粤屑》中——

雍正年间，潮州张某精通看风水（雅称堪舆术），他羡慕广州山水雄秀，便举家迁居广州。为寻最佳风水地，他夜宿观音山（今越秀山），每天五更起床，眺望广州城中的灵气，然后到各街巷踏勘场地。结果，他来到旧仓巷，高兴地说道："广州满城郁葱佳气集中于此，十年之内必有人高中。"于是，他在旧仓巷北头东边买下房子，举家迁来，并督促两个儿子勤奋读书。张家两子都是秀才，文章也写得好。张某以为住得风水宝地，儿子高中定不在话下。到了乾隆己未年（1739），张家两个儿子都上京应考。放榜之日，报喜的官差果然来到旧仓巷，来报的是高中头名状元的喜讯，张某正准备出门相迎，岂料报喜者却走到他家西边的庄家。中状元者是庄有恭，而不是张某之子。张某自惭堪舆术尚未够精通，于是举家一夜之间搬走。

对于张某迁居失算之事自然议论者众，有人说张家只识"认气"而不晓迎运，张家居东面而庄家居西面，庄家的门正向吉运，所以高中。也有人说高中要讲命水、讲运气，张家强求也没用的，"一命二运第三才是风水嘛——"

庄家高中后还有个耐人寻味的传说。庄家并不富有，庄有恭高中后街坊纷纷来庆贺，岂料众人放了一轮爆竹后，突然对着庄有恭的母亲哭了起来。庄母忙问原因，众人答道："你家高中必扩建状元府，我们的家会被你们拆掉建马房了，我们定会无地栖身啦。"庄母赶紧答应众人，绝不拆他们的房子，后来庄有恭也果然依约而行云云。

据民国藏书家徐信符写的《广州坊里志稿》说：凌霄里的庄有恭状元第老屋在民国初尚存在。可见庄有恭的确曾在此居住。清代广东得中状元者三人，以庄有恭任职最高、当官时间最长。他历任江苏、浙江、福建巡抚，官至刑部尚书，任封疆大吏十余年，政绩以兴修江南水利最著。同样是状元，庄有恭远比明代状元伦文叙有政绩，但奇怪的是民间只识福地巷的伦文叙，却不识凌霄里的庄有恭。

庄有恭（1713—1767），字容可，号滋圃。祖籍福建晋江，其父落籍番禺（广州城东部旧属番禺县）。庄有恭13岁已熟读四书五经。乾隆三年（1738）乡试高中，次年中状元。说起来他高中也真是有点靠运气的。据说当年殿试阅卷时，侍读学士彭启丰任阅卷大臣，他把庄有恭之卷进呈主考官，主考官以考生籍贯为边省而将卷搁置于外。正好粤西籍官员杨嗣璟发现此事，便质问主考大臣为什么冷落广东考生。主考大

庄有恭像

臣答道："向来粤、蜀、滇、黔都无进呈之例。" 杨嗣璟追问
说："这例是出自圣旨，还是出自你们这些人？" 主考大臣无
言以对。杨嗣璟又责问："既非圣旨，何得以边省而屈英才？"
并举出明代伦文叙、林大钦、黄士俊等边省状元之例，主考
官只好将庄有恭的考卷上呈乾隆帝。结果，乾隆钦点庄有恭
为状元。此事说来，若不是有"贵人"杨嗣璟力责主考大臣，
皇帝是看不到庄有恭之卷的了。

　　庄有恭的官场经历也是有运气的。他的诗很有文采，书
法亦佳，很得乾隆皇帝喜欢。在江苏学政任上时，他没有追
究浙江人丁文彬在书稿中谤讪朝廷的责任，后来被人揭发有
"纵逆"之罪，幸乾隆皇帝说他治水利有功而没有严厉处置。

以后，他又因在江苏巡抚任上有包庇苏州同知段成功之罪，被朝臣弹劾应斩，皇帝在乾隆三十一年（1766）二月已御批"着监候秋后处决"，但在八月又赦其罪，命他出任福建巡抚。次年七月，庄有恭去世。庄有恭著有《三江水利纪略》等书，还写过《广东城隍庙记》，不知如今广州城隍庙大修后，尚存庄状元之作否？但《广东历代书法图录》一书确收有庄有恭的书法："五更露结桃花实；二月春生燕子窝。"

庄有恭葬于广州市黄埔区大沙镇飞鹅岭（当地人称为状元山），其墓是广州市文物保护单位。只可惜旧仓巷凌霄里一带，却再无人知道昔日的状元府了。

旧仓巷

盘福路与"状元祠"

岭表开宗成周世胄，
范阳重望季汉家风。

这是位于越秀区盘福路越秀外国语学校（原广州市第
二十七中学）内简氏祖祠的门联。此联是对简氏来历与辉煌
的颂扬，没什么特别。特别的倒是这座祠堂是因怀念简氏出
了一位状元而建，而倡建人又是民国时闻名中外的烟草名商
简照南、简玉阶兄弟。使得这座祖祠被人们称为"状元祠"。

盘福路得名据说是因为侨商伍藉磐与夫人江福贞捐资修
建东边一段，故用夫妻二人名字中的一字而合称"磐福路"，
"磐"后来又讹写为"盘"。这说法记于《广州市志·华侨志》
的"华侨纪念地"中。所以说盘福路也非马路中的"无名之
辈"，而有了简氏祖祠后更引人注目。

20世纪20、30年代，简照南、简玉阶兄弟经营的南洋兄
弟烟草公司，是闻名国内外、能与英美烟草公司一较高下的华
侨实业公司。简氏的祖祠原在惠爱路（今中山五路）桂香街内，
规模很小。30年代初，简氏父老聚于祖祠时，因为有了烟草
公司老板简照南兄弟，气派自然不同。适逢南洋兄弟烟草公司
推出新烟"白金龙"，请薛觉先的戏班在海珠大戏院演出名为
《白金龙》的粤剧，首演之时给每位观众赠送新烟，薛觉先
饰演的白金龙多才多艺，剧情曲折，一时产生很大影响。众父
老对此事津津乐道，简照南兄弟非常高兴。又说起简氏祖辈简
文会是南汉时的状元，桂香街的祖祠显得太过小气，简照南兄
弟便提议另建简氏新祖祠，众人见有大富商提议，当然拍手响

曾嵘绘

应。于是开始筹备建新祖祠。结果买得盘福路中间的地块，于
1933年动工，1936年建成。落成庆典之际，自然热闹一番。
不久后抗日战争全面爆发，祖祠便风光不再。1947年，在该
祠创办众贤中学。新中国成立后，校舍扩大，后来成为广州市
第二十七中学。20世纪末又易名广州越秀外国语学校。

　　正是由于成了学校，倒使简氏祖祠比较完整地保存下来。
1997年还作了重修。1993年8月，简氏祖祠与在白云区太和
镇的简文会状元墓一起，被公布为广州市文物保护单位。

　　不过，简氏祖祠奉祀的简文会状元，知名度还是不大。此
因自宋代以后，以正统自居的封建王朝视南汉为"伪朝"，对南
汉官员颂扬得不多，故简文会的详细经历没有在古籍中记载，
但其主要政绩还是记于《广东通志》《南汉书》等清代文献之中。

　　简文会（约900—958），号魁岗，南海黎水村人。他幼年
丧父，靠母亲抚养。他虽家贫但勤奋好学，买不起书籍便向别
人借阅。年轻时已精通经典，擅长诗赋，闻名乡里。南汉乾亨

四年（920），简文会高中状元，任翰林院编修。南汉皇帝为表彰他母亲育孤之功，特赐建牌坊一座。后来，简文会官至尚书右丞，管辖兵部、刑部、工部。南汉光天元年（942），南汉第二代皇帝刘玢被弟弟刘晟杀死，刘晟自立为中宗，以残暴著称。简文会仗义执言，恳切请皇帝施仁政，但反而被贬到粤北任祯州刺史。简文会到职后公正严明，爱民若子，尽心兴利除弊，很得百姓爱戴。可惜天不假寿，不足60岁便逝世于任上，归葬兴王府金钗岭（今广州太和镇和龙水库东北侧）。

2011年3月18日，《广州日报》刊登《广州唯一状元祠，锁在闹市无人知》一文，再次让人知道简氏在此建祖祠奉祀南汉状元简文会。

现有的简氏祖祠已没有原来供奉的简状元的痕迹，更没有塑像。祠为三路三进，坐北朝南，建筑占地1592平方米，总面阔近31米，总进深51米多。中路为主体建筑，两侧以青云巷相隔为衬祠。人字封火山墙，碌灰筒瓦，绿琉璃瓦当。青砖墙石脚，祠内墙上端壁画保存较好。梁架高峻简洁，石檐柱。建筑配件上的花鸟瑞兽、戏曲人物木雕保存较好。

简氏祖祠

将军路说将军府

> 将军府旧耿王宫，宫门高蹠神狮雄。
> 狮成何物白齿齿，星岩凿破山灵死。
> 铁锥利斧五丁锤，落差如虎奉王旨。

这是《靖南王故第白石狮歌》摘句，作者是晚清诗人罗天尺，诗中咏的石狮却与将军府有渊源。

越秀区解放北路之西、六榕路之东、中山六路之北，有将军东路、将军西路两条短马路。其得名源自此处曾有将军府。

这将军府来历不寻常。明代中期后此处是提督府行署，内有"正堂""壮猷堂""运筹亭""喜雨堂"等建筑，气势不凡。

清顺治七年（1650），平南王尚可喜与靖南王耿继茂各领清兵攻进广州。此后两人权倾一时，随即大兴土木，各建富丽堂皇的王府。靖南王府建于今广东迎宾馆和将军东、西路一带。靖南王的奢侈不在平南王之下，光是王府前的一对白石狮子，便有一段血泪史。本文开头所引的古体诗，便是血泪的控诉！

话说耿继茂要在王府前摆一对石狮，听说肇庆七星岩的白石晶莹如玉，便下令命高要县令限期进献石坯，以打造白石狮子。于是，不少高要百姓被征调去七星岩采石，在监工如虎般督促下，日夜辛劳，铁锥、利斧、五丁锤一齐飞舞，好不容易打出两具数千斤重的白石坯。岂料用船运载途中，突遇风浪，船石俱沉。耿继茂不顾百姓死活，再传飞檄，限期催石。再经一番折腾后，石狮终于摆于靖南王府前。这对石狮在中华民国成立后移置于第一公园（今人民公园）内，今人看此石狮却不知其中凝结着多少百姓的血汗了。

清初，平南王尚可喜、定南王孔有德、靖南王耿仲明（耿继茂之父），为清朝打江山出了不少力，号称"三藩"，但"狡兔死，走狗烹"，康熙皇帝即位后，为削弱异姓藩王的势力动了不少脑筋。耿仲明死后耿继茂袭靖南王爵并参与攻打广州，他驻守广州一段日子后，康熙帝便把他调到福建。此后，靖南王府被尚可喜的儿子尚之孝占有。后来，上述三个藩王勾结平西王吴三桂一起反清，但终被康熙平定。康熙二十年（1681），"三藩之乱"平定后，原靖南王府改作将军衙门（又称广州将军府），为驻粤八旗兵统领的办公地（相当于司令部）。

第二次鸦片战争期间，英法侵略军侵占广州城后，强行把将军府的后苑占为英国"领事馆"。后来，领事馆迁到沙面后仍继续霸占，说这是"领事别业"，竟霸占了70年！直到20世纪20年代大革命时期，在一片反帝声中，英国才把此地归还给中国。1932年，将军府南部成为广东省教育厅，并有了将军东路、将军西路；北部改为净慧公园，公园内古木参天、景色清幽（在明代前属六榕寺），成为接待军政大员及外国使节之地。1949年5月，国民政府南逃广州时，这里成为"行政院"。中华人民共和国成立后，这里改为广东迎宾馆，原将军府南部早已成为民居。

许地的百年沧桑

　　北京路高第街中最出名的小街首推许地，其得名源于许氏家族。而从许氏家族众多名人的事迹中，人们可窥见中国百余年政治风云的沧桑变幻。

　　许地的"拜庭许大夫家庙"让人缅怀这里许氏的发家史。清乾隆年间，潮州澄海人许永名到广州经营小生意，居于高第街，娶妻黄氏，生下3个孩子。许永名死后，家中生活困难。长子许拜庭13岁到盐店当童工，因勤恳忠诚，老板奖励给他部分股份。他历经苦心经营，终成广州一大盐商。许拜庭的长子许祥光，嘉庆二十四年（1819）中举人，道光十二年（1832）中进士，历任广西按察使、布政使。第一次鸦片战争后因母丧回故居，经理投效局。道光二十九年（1849），他率族人在高第街建起拜庭许大夫家庙，又建大宅，从此那一带名为"许

拜庭许大夫家庙

1929 年 9 月 27 日，鲁迅夫妇之子周海婴出生一百天，他们一家的合照

地"，流传至今。当年四月，香港总督兼英军司令文翰重申洋人入广州城的要求。虽遭粤当局拒绝，而英军舰仍闯进珠江，欲强行入城。许祥光联合广州爱国士绅，自己带头捐献白银6万两，号召城内外居民组织团练备战。还以粤绅名义正式致函文翰，陈说利害，点破了英军的恫吓。最后文翰无计可施，不得已在洋行门前贴布告："严禁英人入城"。许祥光抗夷有功，后被官府嘉奖赐爵三品顶戴，粤省士民曾赠匾以颂其爱国御敌之德。他的 7 个儿子皆中举人，其中许应镃历任临江知府、江苏按察使、浙江布政使等职，被百姓誉为"许青天"。许氏家族在清代还出了任至工部、礼部尚书的许应骙，为政清廉、积极支持戊戌变法的许应锵，任驻美国旧金山总领事的许炳榛等政界知名人物。

清末许氏家族破落，第六代崇字辈子弟有多人加入孙中山的革命党，成为民国的开国功臣，如许崇仪、许崇智、许崇灏等。民国时，又涌现著名教育家许崇清，东征名将许济，

121

红军名将许卓， 潜入国民党军事机关心脏的地下工作者许锡缵，中华女杰许广平（鲁迅夫人）等名人。许氏家族的兴衰，以及许氏各种知名人物的经历， 典型地反映了中国社会的变迁。20世纪90年代初， 女作家伊妮把许氏家族众多人物的经历写成长篇纪实文学《千秋家国梦》， 还拍成了电影。后来，来自海内外的许氏家族后人数十人还曾汇聚到高第街许地的许氏家庙寻根。21世纪初， 广东著名画家、广州市美术家协会主席卢延光写成《广州第一家族》出版， 图文并茂地再现了古今许氏家族的众多人物。

大沙头风光变化

我爱沙头好，沙头漠漠田。
鸠啼三月雨，犊饮一溪烟。
放水车声急，分秧笠影圆。
平畴生趣足，弥望正苍然。

这是清代诗人陈景周写的组诗《我爱沙头好十四咏》之一，乃咏今越秀区大沙头古代田园风光的传神诗句。大沙头畔的海印石（岛），是与海珠石、浮丘石齐名的"广州三石"之一。海印石附近的珠江冲积而成的沙田，初称筑横沙。晚清时，筑横沙已与海印石连成一片，人称大沙头。这片沙田纵横十多顷地，是番禺县学四司所属的产业，岁租收入用来供四司学子科举考试生活津贴之用。起初，承耕这片沙田的农民携家中妻儿，到此建房居住。除种水稻外，也种莲藕、菱角，还挖塘养鱼，养鸡养鸭。田园野趣吸引人，其后渐有其他人到此居住。也有人开起饮食店，供应农家菜及地方美味，

1923 年 8 月，孙中山、宋庆龄在大沙头飞机场参加试飞仪式留影

令大沙头成了广州的一个田园景点。光绪三十一年（1905），两广总督下令把珠江上的妓艇迁移到大沙头一带营业，令大沙头畸形地繁荣起来。宣统元年（1909）正月，大沙头失火，六十余艘船艇遭焚，妓女、嫖客烧死无数。两年后又一次火灾，令大沙头再一次遭劫，此因大沙头上有不少竹木店铺。

昔日没有汽车运输木材，木材产区都把建屋用的竹子、杉木扎成大木（竹）排沿江漂流而下，人称"杉排"或"竹排"。大沙头空地多兼近水，西边的东濠涌也方便杉排、竹排停靠，因此大沙头西部逐渐成了粤北等地运来的竹木的集散市场。

民国初期，孙中山想把大沙头东部办成航空中心，飞机场、大元帅府航空局及广东飞机制造厂相继落户大沙头。初办飞机制造厂时，航空局局长兼飞机制造厂厂长杨仙逸成功试制"乐士文"号飞机。1923年8月10日下午，孙中山偕夫人宋庆龄参加试飞仪式，并在飞机前合影留念，还题写"航空救国"四字作鼓励。1924年，航空学校在大沙头开办，培养了一批飞行员。1929年机场停用。1935年，中央航空公司在二沙头兴建水上飞机场，两年后停用。新中国成立后，航空局遗址仅存一间敞口屋。1992年，广州军区后勤部于原址（沿江路421号）前的路旁建起"大元帅府航空局纪念碑"，但近年已被拆掉。

民国时广州建市之后，市政府认为大沙头毗连马路又在江边，水陆交通方便，颇有发展前途。1922年，市长孙科命财政局从速规划兴筑大沙头工程。正当大沙头发展之际，1928年9月19日凌晨，一家山货店发生火灾，并迅速蔓延开去，结果烧毁两百余间房铺，连东濠涌三十余艘艇亦付之一炬！随后，陈济棠主粤，对广州的经济发展作出一系列规划。1932年8月，广东省政府颁布《决议辟大沙头商业区》文件。开发大沙头的大工程，于1933年春正式破土动工，沿岸砌石，划定区内马路界线，分段招商建设。也因此，大沙头的木材店铺大部分迁到对岸的河南尾（今海珠区草芳围一带），以及城西的如意坊（今属荔湾区）。

这次的大沙头开发工程，终因陈济棠下野以及抗日战争全面爆发而搁置。昔日的田园风光已经消失，但发展商区的计划却无法实现。

20世纪50年代，大沙头逐渐发展为水运中心，往来于广州与四乡之间的客轮、货轮均停泊于此，大沙头码头远近闻名。1988年，在大沙头东侧建成通往海珠区的海印大桥。

此后，大沙头又几经变化。大沙头码头停业后，在大片空地上建起闻名市内外的食街，后来又因污染江水而被停业。但是，此时大沙头一带已成闹市，相继建成海印电器城、海印装饰布料专业街，成了远近闻名的商业区。大沙头的田园风光变成商业风光，沧桑变幻于此可见一斑。

林广平绘

公园路追怀第一公园

> 官衙美景化为公，欧式池庭古树雄。
> 最是令人怀念处，园中大会有威风。

这是咏广州第一公园的诗，蜻蜓点水般点出了第一公园的历史。哪里是第一公园？就是如今位于越秀区中心的人民公园，公园路、公园前的名字皆因有此公园。

不过，别以为"第一公园"就是广州最早的公园。史家查核过，广州最早的公园是黄埔区长洲岛的黄埔公园，老广州说宣统二年（1910）见过"黄埔公园"的牌匾，匾上的字还是两广总督岑春煊所题。那么人民公园为什么称"第一公园"呢？有人说因为它是当时广州最具规模的公园，有人说它是广州第一个综合性公园。

从隋朝起，这里一带便是官方机构所在地。隋唐时是广州总管府，宋代是安抚厅，元代是主管司法的广东道肃政廉访司署，明朝是掌管全省军务的都指挥司署，清初是南明绍武政权的王宫，以后是平南王府和广东巡抚署。因巡抚又称抚台，故署前的道路曾名为"抚台前"。官衙内则有古榕等古树，还有"万竹园"等建筑及"渔樵耕读"四景。民国初，孙中山先生提议把这封建专制时代的官衙改为人民大众休憩的公园。1920年，政府开始把这里改建为公园，面积近4.5万平方米。1921年10月12日举行隆重的开园典礼，广州市市长孙科在开幕式上发表演讲，将其命名为"第一公园"。

第一公园由留学归来的著名建筑师杨锡宗设计，采取意大利图案式庭园布局，呈方形对称形式。园内原有参天古树，加上新种绚丽的花丛，富有浓郁地方特色。还把原靖南王府的白石狮子搬来，更吸引游客。以后，公园又增建有"童子拜观音"塑像的水池、音乐亭，放置狮身人面白石雕像，以及大象等动物，成为来广州者必游的旅游点。

1921年，广州市教育局局长许志澄委托从日本学西画归国的胡根天、从美洲归国的冯钢百着手筹办广州市立美术学校。次年该校在第一公园成立并开课，学生近百人，到1927年该校才迁出。

国共合作时期，一些重大政治活动都在这公园中举行。如1924年1月列宁去世，中国国民党于2月24日在此举行"追悼列宁会"，由孙中山主祭。同年3月8日，妇女运动领袖何香凝在此主持召开我国首次纪念国际妇女节的活动。1927年7月，广州国民政府和广东省政府成立，庆祝活动也在这里举行。

1925年，因位于广州市中心，"第一公园"改名"中央公园"，至1966年改名为"人民公园"。改革开放后这里陆续增加了盆景园、儿童游乐场、展览大楼等设施，并放置了六座知名雕塑家的雕塑作品。1997年11月，拆去围墙栏杆，成为广州诸公园中率先实行免费开放的公园。

人民公园（曾名第一公园、中央公园）

光孝堂识牧师爱心

教义劝世人，光孝堂迎来行善举；
疾风知劲草，谭家木送去建农场。

此联撰于20世纪70年代末，说的是广州光孝堂牧师的感人事迹。古称光孝街的光孝路，既有历史悠久的光孝寺，也曾有医人疾病的傅星垣医馆、王德光医院，还有医人心灵的光孝堂。光孝堂位于今光孝路29号，2008年被公布为广州市文物保护单位。它是建于20世纪20年代初的广州基督教最大的礼拜堂之一。教堂主楼坐西朝东，高三层，南北两边各有一座五层高的塔形钟楼。主楼占地面积1470平方米，钢筋混凝土结构，建筑风格融西方建筑艺术与岭南建筑特色于一体。该堂完全由中国信徒出资自建、自办、自立，谭沃心牧师具体策划了建堂事宜。

谭沃心（1888—1986），广东台山人。其父谭文拔是美国华侨商人。谭沃心少年时在家乡台城基督教公理会学校读书，1907年入读广州教会学校培正学堂，三年后赴美国留学。在加州大学社会学系获教育硕士学位后，他到芝加哥大学攻读神学，取得学士学位后成为牧师，于1921年回到广州，在协和神学院任社会学教授。此时，公理会属下不受外国教会控制的"中华纲纪慎自理传道会"刚好在光孝路购地建教堂，是年12月奠基。谭沃心为建此教堂七次赴美募捐资金，教堂终于在1924年11月落成，取名"中华基督教会光孝堂"，作为中华纲纪慎自理传道会广东总教堂。谭沃心即受聘为总教堂牧师。自此以后，谭沃心除了任中华基督教会总会会长及抗日战争时期两度离开之外，一直在光孝堂传教，宣扬基督教义。他提倡教堂应"社会化、现实化"，在光孝堂内创办正光小学及幼儿园，举办多种短期民众教育及其他公益事业，深得社会好评。他任中华基督教会广东协会总干事后，积极投身协会建设，亲到美国向华侨筹集经费，建成公理坊楼房等一批教会产业，又在光孝堂开办社会服务中心，在广州郊区人和开办农村教会实验场。1933年10月，他当选为中华基督教会总会会长，到上海主持会务。四年届满后回该会广东协会任总干事。广州被日军侵占后，他组织广东协会迁往香港，继续从事教会活动。1947年出任广州协和神学院院长，兼岭南大学教授。他的社会学、神学造诣均深，还积极推行教育救国活动，热心办好教会中学，曾任培英、美华两中学校长，又历任培英、真光、协和、美华等中学的校董或董事会主席。

新中国成立后，谭沃心仍积极推行教会"三自"宗旨，把不同教派的基督教会联合起来。1958年11月，任广东省基督教三自爱国委员会副主席。此时，中华基督教会的中华堂、西村堂、仁济堂以及信义会海珠堂均并入光孝堂。

不久后到了国家三年困难时期，谭沃心自元配夫人病逝后孤身一人住在广州，儿女要接他到美国安享晚年，但他不愿离开祖国，甘与教友同甘共苦。约在1960年，教友们筹办广东基督教三自会农场，因木料难以买齐，谭沃心请人拆了自家一间房子，把木料运去农场。这事给教友们留下深刻的印象。

谭沃心是广东省第一至第五届人大代表，1977年9月，谭沃心突发脑溢血，虽然被抢救回来，却从此左侧身体瘫痪，还失去大半语言能力。但他仍关心着教会的发展。1981年，广东省基督教协会恢复，他被选为名誉会长。1984年底，光孝堂归还教会管理。是年12月21日晚，来自广州市内近百名基督徒在谭沃心家里举行圣诞感恩晚会。谭沃心的续弦夫人替他发言，表示这是他20年来最快乐的晚会。1986年8月，谭沃心逝世。

1988年，光孝堂重新成为开放堂。1991年2月开始大修，11月正式复堂。

光孝堂

长堤基督教青年会崛起声乐家

争取青年，教友办成文体地；

欣逢伯乐，长堤崛起声乐家。

此联说的是长堤基督教青年会的一段往事。

晚清时长堤大马路还没有建成，此路东至今沿江西路东段，统称长堤。1909年，基督教青年会在长堤的浸信会马礼逊纪念堂成立。马礼逊是清中期来广州传教的传教士，对基督教在广州发展颇有贡献，故基督教在马礼逊去世后建起这座纪念堂。基督教青年会所在位置，在今广州医科大学第一附属医院东南部范围。它成立后，成为基督教主办的青年活动和社会服务团体，属于中华基督教青年会的地方组织，以团结各界青年、培养健全人格、服务社会、造福人群为宗旨。主要是组织男女青年开展文化、娱乐、体育、职业培训等活动。

从创办起到新中国成立前，青年会一直受美国"北美基督教青年协会"的经济津贴和派遣代表参与会务决策。经济来源的另一部分，是向会员征收数量不等的会费和举办事业的收益。其举办的事业比较广泛，如出版中英文版《广州青年》周刊，办有三间学校及各类型的会、社（组），热心赈灾救济等慈善活动。抗日战争期间，组织随军服务团，为前线士兵服务；组织疏散救济，先后收容赈济难民五万余人；战后进行施粥救济等。因此，青年会成为广州闻名的地方。至20世纪80年代，老广州仍无人不识"青年会"之所在。

新中国成立后，该会作为团体会员加入广州市青年联合会。20世纪60、70年代停办，1985年12月复会，开展活动主要有：办合唱团、文化技艺业余学校、少年俱乐部、各种社会服务活动，接待海外及港澳台教会人士等。

20世纪40年代，青年会举办的音乐会是颇有影响的，也在这里崛起了一位声乐家，他就是罗荣钜。

罗荣钜（1918—1991），广东开平人。其父罗仪干是澳洲华侨、老同盟会员。1931年，罗荣钜入读中山大学附属中学，已显露出其歌唱才能。1937年加入进步的广州市音乐工作者协会，投入抗日救亡音乐活动。1939年起从事音乐教学工作，在香港德明中学任音乐老师。1941年香港沦陷后回乡务农，后在茂名几家中学任音乐教员。抗战胜利后，再回香港德明中学任教。

1947年春，罗荣钜到广州，参加基督教青年会举办的演唱会。他唱《雪车》《开路先锋》时，大受著名音乐家马思聪的赞赏。会后，马思聪挽留他，并悉心指导他提高视唱水平。随后，罗荣钜在广东省立艺术专科学校任教。又在基督教青年会举行独唱音乐会，结果十分成功。在首次公演马思聪作品《祖国大合唱》时，他担任全曲领唱及第二乐章《忍辱》的独唱。1948年10月，他在基督教青年会举行第二次独唱音乐会，从此奠定了歌唱家的地位。

新中国成立之初，罗荣钜创作了《志愿军进行曲》等有影响的歌曲。1952年，他在越秀山体育场举行的"革命歌曲万人大合唱"中任总指挥。此后历任广州市文工团、华南歌舞团、广州乐团、广东歌舞团、广东音乐舞蹈艺术剧院的独唱演员等职。

1956年，他把红线女的著名粤曲《昭君出塞》改编成无伴奏合唱曲《昭君出塞》，1959年在中山纪念堂举行的国庆十周年晚会上演出，一时轰动。但不久后被批判为"化民族"，直至1962年才由中国音乐家协会表态肯定这是"有益的尝试"。1985年8月应文化部之邀任"全国冼星海、聂耳声乐作品比赛"评委，后被评为一级演员。

弘扬咽音学派是罗荣钜的突出成就。他于1956年到上海声乐研究所随著名声乐科学家林俊卿医学博士学习咽音练声体系，不到一年便由男中音变为戏剧性男高音，成为能应用"咽音法"于演唱和教学的声学家。1986年他创办咽音培训中心（后任广东咽音学会会长），使1500多位学员的坏嗓音得到恢复，并出版专著《发声的金锁匙》。1988年，70岁的罗荣钜在广东省民主党派迎春晚会上，高歌一曲《黄鹤楼》，嗓音仍具青春活力。

1917—1919年的长堤基督教青年会

飞来对面巷

广州小北路有一条"飞来对面巷"，凡经过此地的人，都觉得这条街名有点奇特，这到底是谁给起这样一个古怪的名字的？原来有一段传说：很多年以前，"飞来对面巷"原是没有名字的，只有一些小木屋，居住着穷苦人家。他们每天为生活奔波劳碌，不知住了多少年，这条街仍未有人取名，人们只好叫它做无名街。在这条街巷对面的小石街，却是另一番景象：大屋林立，那里豪门富户不少，其中还有些富户是专门倚仗权势，欺压街坊邻里的"街霸"。

一天，有一家富户宴客，请来了一群猪朋狗友，宴席间，他们大谈生财之道，各道自己的本领，个个眉飞色舞，趾高气扬。当他们的话题转到小石街的时候，顿觉得晦气万分。因为这个街名与他们的身份很不相称，显示不出富户们的气派，因此，便一致认为要重新起一个大吉大利的街名。

经过一番议论后，某甲提出把小石街改名为"大发街"，但大家认为太俗气，没有响应。某乙又提出改为"广财街"，大家一听也觉得不雅，也不赞同。说来说去，始终提不出一个好名称来。

过了很久，有一个人称师爷的人站了起来，此人平时油嘴滑舌，喜欢卖弄文墨，这时他故作姿态地说："纵观历代最为吉利的名称，总离不开福、禄、寿。我看就取名为福来街，你们各位意下如何呢？"众人听后甚为赞赏，个个拍手叫好。这群富户为了炫耀自己的权势、阔绰，利用改街名的时机，择定黄道吉日，搭起祭坛，请来了神婆、道士打斋，在街口悬挂"八卦"三叉等，还请来八间锣鼓，喧闹一宵；并选用上等大理石，用真金粉扫字制造街牌。悬挂街牌这天更是热闹非常，锣鼓喧天，鞭炮声声，硝烟弥漫，接着又大排筵席，弄得整条街乌烟瘴气，左右邻里几条街道的平民百姓也不得安宁。

一天，曾被称为"神童"的广东才子伦文叙来到"无名街"探亲访友，众人久闻伦文叙的大名，纷纷前来相见。当提起对面街近日改街名为福来街，富户们更是不可一世、趾高气扬的时候，伦文叙十分气愤，决定为无名街取一个好的街名，以争一口气。伦文叙仔细地了解福来街起名的前后经过，便沉思起来，他望着对面的福来街，又环顾左右，踱了几回，然后执笔走到桌子前，疾书"飞来对面巷"五个大字。在场各人一时不解，伦文叙面带笑容地说："我今天替大家想法治一治福来街那班恶人，其次还要起一个好的街名，现在我起的这个名字，正好一举两得。"当时在场的百姓听后还是不怎么明白，伦文叙便继续说："小石街最近已改名福来街，而你们街正好对着它，我给你们这条街起名为'飞来对面巷'，就是说所有福、禄、钱、财等都通通从福来街飞过来，让你们得到这一切！"众人听罢，齐齐称赞好极了，纷纷向伦文叙道谢。

飞来对面巷

百子东一巷话育婴堂

马圈修成育婴堂，羊城义举有盐商。
古时道德非空话，百子桥边韵味长。

笔者此诗咏的是今百子东一巷、二巷一带的古代痕迹。百子东一巷、二巷在东华东路南侧，清初这一带是平南王尚可喜部队的养马地——马圈。清代诗人樊封有《平王马圈》诗："微雨浇春俭草苏，校人星急调生刍。广民恨不为王马，饱饲香粳戏绿芜。"尚可喜率清军占领广州后，把战马圈在东山一带放牧，下令马圈周围三四里禁止农民耕种，而种上辽东草种"示俭草"（广州人称之为马鞭草）。王爷的战马比平民百姓生活得更好，故百多年后樊封游此地仍有此叹。平南王这马圈后来因广东藩司胡章上奏朝廷才被搬走。至乾隆七年（1742），盐商沈宏甫等捐款于此地建起育婴堂。

在清代，官方与民间都注重慈善公益事业，建育婴堂收养民间弃婴便是一例。康熙三十六年（1697），广东官方发动商人捐资在西门外钟氏废园建起育婴堂，数十年后房屋已残破，又有商人捐资重修。但至乾隆初年，育婴堂因房屋不够用，故有迁址之议。乾隆七年（1742），商人沈宏甫等捐款购得东山原来马圈之地20多亩，建起新的育婴堂。综合阮元主修的《广东通志》以及《广州增建育婴堂记》《两广盐法志》等古籍所载，新的育婴堂于乾隆十一年（1746）落成，"坐东南向，起建大门三间、二门三间、中厅三间、神堂三间，前后两旁各建廊庑，共十八间；堂之前后共设（哺）乳房二百三十间，运司朱介圭定有条例"，"募乳媪（奶妈）三百

清代的育婴堂

余人，而其始居于外者，次第招之归"。这样看来，这新的育婴堂规模是不小的。

育婴堂所在街巷原名紫来街，育婴堂建成后改名子来街。育婴堂侧有小涌流经，亦有桥名百花桥，古籍记又名状元桥，育婴堂建成后改名百子桥。这育婴堂在道光初年曾扩充，至于晚清时如何，古籍无记。

据广州市地名委员会1989年6月出版的《广州市地名志》记载：东华东路东段南侧的百子东一（二）巷，"因附近有清代育婴堂百子桥而得名"。也有人说百子路（今中山二路）也因育婴堂而得名，倘真如是，那育婴堂的范围便很大了。

与慈善事业有关的路名街名，还有距离百子东一巷东面近千米的恤孤院路和恤孤院一、二、三、四横街。此得名因为这里一带有基督教团体两广浸信会兴办的恤孤院。

两广浸信会由基督教浸信教派的西差会和华人主办的自立教会组成，成立于光绪十一年（1885），会址在广州东山庙

20世纪20年代初两广浸信会陆续在东山兴建教堂

前直街。该会会员有不少是归国华侨，热心于公益事业。该会主办了培正学堂、培道学堂，又办了恤孤院，20世纪20年代还办了安老院。

恤孤院决定兴建时是光绪三十二年（1906），只收养本会信徒的未成年遗孤，得到不少会中教友捐款。宣统三年（1911）建院。中华民国成立后该院扩大，1919年改名孤儿院，收养无家可归的孤儿。1926年迁址沙河。新中国成立后，1951年由中国人民救济总会广州分会接办。

圣心路与石室天主教堂

> 血雨腥风，圣心变劳动；
>
> 清天朗气，石室妆新容。

一德路中间有条短短的横路叫劳动路，原名圣心路。此名源自其北端有座天主教圣心大教堂。说起这圣心大教堂故事多多，这篇短文实在说不完，只能挑有影响又鲜为人知的说说。

教堂所在地是一条古老的街道，宋朝时称为"卖麻街"。清朝时建起两广总督部堂衙门（所以这条街道民国时被称为"旧部前"，至今仍有旧部前小学）。1856年10月，第二次鸦片战争爆发时，英国侵略军炮轰两广总督衙门，衙门被毁，两广总督叶名琛躲于左都统署被英军掳获。第二次鸦片战争以清朝失败告终，清朝政府被迫与英法侵略者签订不平等的《北京条约》。条约规定传教士可在各省租买田地建造教堂。

1857年底，罗马教廷派法国普行劝善会传教士明稽章来广州传教，明稽章看中珠江边原两广总督衙门这片土地。1861年1月25日，清政府与法国政府签署协议，正式确认法国传教士在广州建造圣心大教堂。此后，两广总督劳崇光只好把这片土地"租"给法国传教士，名义说是租，其实租金少得可怜。

1861年8月26日，在明稽章的主持下，教堂开始平整土地。教堂设计者是法国两位有才华的建筑师 Vonutrin 及 Humbert，他们的设计吸收了巴黎圣母院建筑的哥特式精华。

其中拟装一组大铜钟，曾使明稽章犹疑，因为咸丰年间广州人还未见过大钟，明稽章怕百姓接受不了，但最终还是同意安装。这个铜钟成为广州最早的报时大钟，只是因经常报时不准，故在广州流行起一句歇后语："石室钟——大声夹无准。""大声夹无准"是粤俗语，其意大约同"高调讲空话"。

石室建筑奠基于1863年6月28日（圣心瞻礼日），当天明稽章与两广总督劳崇光盛装出席了隆重的奠基仪式。但是开工之后，中国工人与法国设计师总是合不来，工地组织混乱，几年间多位设计师相继离去。后来，法国人聘请广东揭西一位有经验的石匠蔡孝（原名蔡振托）任总管工，工程才顺利进行。

石室的墙壁、柱子全部用数以十万计的石头一块块砌上去，石作技术要求很高。石面平滑精致，用桐油糯米浆砌结，有些还灌铅固定，要求缝细平直。特别是玫瑰花窗棂，用石块雕成还拼合得没有缝隙。随着石室越建越高，吊装大石头的难度越来越大，有的石块重量超千斤，以当时的技术条件，可以想见建筑难度和石工们的智慧。

蔡孝负责这项工程竟长达二十多年，后人因为惊叹于"石室"的鬼斧神工，记住了这位石匠的名字。而明稽章则未等到教堂完工便去世了。1888年，圣心大教堂终于落成，是天主教广州教区的主教堂，也是东南亚最大的一座哥特式石构建筑。当时教堂总范围占地四万多平方米（六十多亩），还建有丕崇书院、医院、神学院等房舍。丕崇书院于光绪晚期常放映电影，成为广州最早的公开放映电影的电影院。教堂建筑面积2754平方米，平面呈拉丁"十"字形。南立面高58.5米，分为三层：底层开三个称为透视门的尖拱券门；第二层是石头雕刻镂空的圆形玫瑰窗；第三层是钟楼，一对八角形的尖塔顶高峻陡峭，东塔装法式铜钟四具，西塔安装机械时钟。

不过，中国工匠们没有忘记在建筑中留下中国工艺的印

己巳立夏 广州圣心大教堂

郑文森绘

记，教堂出水口的石槽全部采用中国石狮的造型。

　　民国时期，孙中山、陈炯明、孙科等政要到访过石室。1935 年，塔内铁梯和屋面改为钢筋混凝土，四周建围墙铁闸门。抗日战争时期，日本飞机轰炸一德路，把石室的时钟震停，彩色玻璃被震碎了一部分。1944 年夏一次空战中，一架

石室

日本飞机被盟军飞机击伤下坠，一头撞到石室前面的沧海茶楼，当场爆炸，碎片、瓦砾击向石室，这次惨案死伤三百余人。1949 年 10 月 14 日傍晚 5 时多，国民党军队退出广州时，炸毁海珠桥，爆炸冲击波震碎了石室的一部分彩色玻璃。

20 世纪 80 年代起，政府逐年拨款，维修石室，重新镶嵌全部彩色玻璃（专门在国外订造）、安装机械大钟等，令石室重焕光彩。1996 年 11 月，圣心大教堂由国务院公布为全国重点文物单位。

人物故事

秉政街忆汉代父子贤臣

　　中山四路的秉政街原名秉正街，源于街中曾有秉正祠，供奉汉代秉正不阿的贤臣张买。古代"政""正"二字相通，在清代《番禺县志》中，"建置"部分记的秉正街，在"舆图"部分则记为秉政街。

　　提起张买，要先说其父张戊。张戊是秦朝番禺人（那时未有广州之名，今广州范围名番禺），他随刘邦起义，南征北战，是作战勇敢、治军有方的名将，也是历史上有文字记载的首位广州籍名将。他所率的岭南人部队古书称为"越骑"（岭南古称百越）。张戊与周勃、樊哙、灌婴、华无害等将领一起，平定三秦，统一关中，立下了大功。但当刘邦登上帝位，封赏功臣时，张戊已离开人世，所以没有受封，其名也就不如周勃、樊哙等人那么为人所熟知了。

　　汉惠帝刘盈继汉高祖刘邦为帝时（前194—前188），张戊的儿子张买在朝为官，任大中大夫。他从小勤奋读书，精于音乐、诗歌。在朝为官时，他敢于向惠帝进谏，抨击不正之风，秉正不阿，史书记他"正色立朝"。一次，惠帝令他陪伴在御花园划船游乐，他一边划桨一边唱越讴（广东民歌），歌词针砭时弊，表达百姓的心愿，令惠帝有所触动。此事记于古书之中，所以清初广东名学者屈大均在其名著《广东新语》中赞他为"开吾粤风雅之先"。用当代的语言说，张买可说是史书有载的首位歌星了。

　　到刘邦之妻高后（吕雉）执政时（前187年），她为了收买人心，问以前有没有漏了封赏的开国功臣。丞相审食其上奏：

张戍立汉之功不比华无害少，华无害也受封赏而张戍未受封于理不公。高后于是追封张戍为南宫侯，由张戍之子张买继承爵位。后来，因张买长期敢于直谏，遭到同僚妒忌中伤，终致被罢官回乡。但他秉正不阿的政绩，长期受到朝野的尊敬。

过了300多年，汉灵帝执政时（178—183），乡人为了纪念先贤，在番禺城南（今秉政街一带）建秉正祠奉祀张买，并祀其父张戍。据说建祠时百姓纷纷来帮忙，还惊动了地方官刘威。他亲自带着下属官员来体验百姓敬重先贤之情，官员们把随身带的银两全部捐出以助建祠。

到了宋朝，一个在广西为官叫张爱的人，来到广州游玩，流连于妓院酒馆。一日无意中来到秉正祠内，细读祠内碑刻所述张戍父子的政绩，深感愧疚，回到客店中吟道："张戍父子二人早殁，秉正祀祠千年犹在，百姓代代总盼秉正，张爱何敢再恋烟花！"第二天他早早起床，赶到秉正祠捐了些银两，然后立即返回广西，以后勤政爱民，为百姓做了很多好事。有人说这是秉正祠的教化所致。

时移世易，秉正祠虽早已废毁，但那一带的街道仍以秉正为名。秉政街至今犹在，这是人民对历史上清官的最好纪念。

秉政街

崔府街怀念崔与之

朝天路崔府街得名于崔府——崔家府第，这崔府虽是私人住宅，却曾是广东的最高权力机关所在地。这是怎么回事？原来南宋时，67岁的一代名臣崔与之，在四川离任后回到广州闲居于此。此期间，皇帝两度封他为右丞相而他却不赴任。他77岁高龄时，叛军围攻广州，他勉力出任广东经略安抚使兼广州知州，化解兵祸，在家中处理政事达半年，祸乱平息后，他马上辞职，并把这半年的俸禄全部上缴国库。嘉熙三年（1239）六月，皇帝终于下诏特授他"观文殿大学士"，批准他依丞相的待遇退休。这年十一月，81岁的崔与之去世，南宋皇帝理宗为之罢朝辍乐减膳志哀，遣官致祭，追封其为紫金光禄大夫、开府仪同三司上柱国、南海郡开国公，赐谥"清献"。后来又御书"菊坡"二字赐给崔家，制匾高悬于崔府门前。

广州人素有尊崇先贤的风俗，试问写街名故事又岂可忘记崔府街得名于一代名臣呢？

崔与之（1158—1239），字正子，号菊坡，祖籍河南汴京（今开封），至其父时已定居增城。据说其母梦见天上大星坠于怀中，惊醒后即产下与之，故取其乳名星郎。崔与之自小丧父，家境贫困，但发愤刻苦读书，立下济世为民之志。32岁时到临安入太学（皇家高级学府）读书，35岁中进士，次年任浔州（今广西桂平）司法参军，以后历任淮西提刑司检法官、江西新城知县、邕州通判、宾州知州、广西提点刑狱、知成都府、本路安抚使等职。他为官刚正不阿，关心民生疾苦，奖廉劾贪，政声卓著。任广西提点刑狱时，他到海南岛（当时

廖宗怡绘

属广西）积极推行新政，打击贪官劣绅，使人民得以休养生息，人们把其政绩写入《岭南便民榜》等书中。

崔与之在抗金斗争中迭现光芒。他镇守扬州时，面对虎视眈眈的金兵，一方面整顿军队，加强城防，一方面依靠民众，组织抗金民兵"万马社"，终使金兵无功而退。他治理四川期间，任用贤能，激励将士同心报国，又通过调整粮食购销及与少数民族平等贸易等政策，活跃了经济，扭转了混乱局面，使四川兵精粮足，金兵不敢侵犯。百姓称赞他为"岭南古佛、西蜀福星"，在成都仙游阁绘其像于三贤祠中奉祀。

他离蜀回广州时是宋理宗即位的宝庆元年（1225），新上台的皇帝先后封他为潭州知州、湖南安抚使、隆兴知府、江西安抚使、吏部尚书等十多个职务，但他均上书力辞，隐居广州的崔府街中。

端平二年（1235）二月，宋理宗又封崔与之为广东经略安抚使、兼知广州。崔与之还未来得及辞官，却遇上叛军围攻广州，当时执政的一把手地方官闻风出城逃避，满城文武官吏遂一起到崔府，请崔与之出面解决兵祸，崔与之便率众登城，叛军见到他顿时安静，他对叛军讲了一番道理，又派弟子李昂英、杨汪中下城向叛军安抚解释，大多数叛兵立即放下武器，只有为首者怕追究责任，率其余叛军离开广州至肇庆据城对抗。为了保境安民，崔与之只好就任刚封的官职，调动广东的军队围剿叛军。是年六月，叛乱事平。朝廷又封崔与之为端明殿学士、太中大夫、广南东路经略安抚使、马步军都总管兼参知政事（相当于兼丞相）等职。此时崔与之又以年老多病为由力辞官职，还将帅广半年的薪俸钱1100余缗、米2800石，全数交回官库，未受分文，一时传为佳话。

崔与之在文学上也有成就，尤以写词著名，开创了以雅健为宗的岭南词风，被誉为"粤词之祖"。他倡导经世致用的

崔与之像

学问，在岭南思想界产生巨大影响，在此基础上后来形成岭南历史上第一个学术流派——菊坡学派。他的著作被后人辑为《崔清献公集》5卷。

崔与之葬于增城云母里（今朱村镇官庄村）华山狮子岭，其墓保存至今。在广州白云山、漱珠岗、学宫街，增城凤凰山及南海县等地，均曾建有崔公祠，纪念"盛德清风，跨映一代"（文天祥题）的名臣崔与之。

李家巷追怀李昴英

北京路有条李白巷，有人想当然地说是纪念李白来过广州。其实，大诗人李白没有到过羊城，那李白巷乃李家巷改名。

历史上各地居民均有同姓聚族而居、以姓为地名的情况，在城市中也不乏此例，所以广州从前有5条李家巷。异街同名，给人们带来的不方便可想而知。因此1931年广州街名调整时，有4条李家巷分别改为李白巷、李靖巷（在今海珠中路）、李唐巷（在今越秀南路）、李耳巷（在今解放北路），唯一保留原名的是今中山四路的李家巷。这条巷古时位于羊城著名的文溪旁边，南宋名臣李昴英晚年居住于此，因而自号"文溪"，其后人遂在这里聚居，取名李家巷。据说20世纪80年代，这里附近的路面还见到刻着"李文溪书室"的石匾，不知有没有人收藏起来？

李昴英（1201—1257），字俊明，番禺鹭冈村人。据说他出生时，其母梦见天上一颗大星降临庭院中，因此改其名为"昴英"。他小时已显出聪颖过人。长大后曾在海珠石（岛）上结茅屋读书，青年时已博学多识。他曾师从崔与之。南宋宝庆二年（1226），25岁的李昴英上京都临安会试，考中探花（第三名），名流对其才学十分推崇，誉为"南方间气"，于是名扬四方。

绍定二年（1229），他任福建汀州推官，任中巧计平叛，保住汀州，上级正要升他官时，他却因继母去世，按规定辞官回乡服丧。端平二年（1235），李昴英服满，被重新起用。正要起行时，恰遇原驻守岭北的先锋军叛乱，围攻广州，当政的地方官一把手临阵出逃，城内人心惶惶。正隐居广州的原来朝中名臣崔与之，应士民所请出面主持大局，登城劝喻叛军。崔与之拟派员出城与叛军谈判时，李昴英毅然应命，与崔与之另一弟子杨汪中一起从城头悬绳缒下城，才落地，叛军亮出刀剑围上来。李昴英毫无惧色，从容陈说利害，终于劝退叛军，使广州避免了一次兵祸。因此，朝廷升他为太学博士。次年，他进京任职，宋理宗赞赏其胆略，赏赐金币，他乘机针对时弊进谏，为理宗器重。后来他出任福建宁宪仓提举，主管盐、茶产销和监察工作，刚到任，已有贪官闻其名而辞官避去。那一年大饥荒，他把自己的薪俸全部捐出来赈灾。淳祐五年（1245），李昴英出任吏部郎官，后以敢直谏而闻名。理宗对人说："李昴英南人无党，中外颇畏惮之。"他曾拉着皇帝的衣服力谏，弹劾执掌兵权的重臣及皇族成员，理宗动怒，不接其奏章，拂衣入宫。他硬把奏章留于御榻。后终被罢官。他回到家乡时，父老出郊远迎，一时传为盛事。以后他不顾朝廷4次召回，均称病不就。至淳祐十二年（1252）起，他先后出任江西宪使、赣州知州、大宗正卿、龙图阁待制、尚书吏部左侍郎等职，均以平冤狱、劾赃贪、济民薄赋而扬名。后被封番禺开国男，食邑三百户。

李昴英像

宝祐三年（1255），李昴英辞官归里，归隐于文溪之畔著文作诗。又在白云山建文溪小隐轩、玉虹饮涧亭（位于今白云山能仁寺范围内），作为诗友吟咏之地。理宗下诏封他端明殿学士等职，他均乞辞不赴任。理宗又御书赐他堂匾"久远"、里匾"文溪"、涧匾"向阳"。两年后李昴英病逝，赐谥"忠简"，故后人也称他为李忠简。

李昴英生前已受人尊敬，被广州人在"四先生祠"中供奉(生祀)。去世后，广东先后有8处祠庙奉祀他，至清代犹存。

李昴英的诗词文章也为人称颂，有"词坛射雕手"之誉。《四库全书总目提要》评道："其文质实简劲，如其为人。诗间有粗俗之语，不离宋格，而骨力遒健，亦非靡靡之音。盖言者心声，其刚直之气，有自然不掩者矣。"其著述被其门人李春叟编成《文溪存稿》，从南宋至清代刊刻了10次，可见其影响之大。

李白巷

状元坊永记张镇孙

　　人民南路的状元坊，原名泰通坊，因南宋时居于此的张镇孙中了状元后，街口建起状元牌坊，此街遂改名状元坊。

　　张镇孙（1235—1278），字鼎卿，号粤溪。祖辈原籍四川遂宁，后落籍番禺（一说南海熹涌乡）。张镇孙自小居于泰通坊，少年时已有"神童"之誉。南宋初广州民间流传一段童谣说"河南人见面，广州状元出"。原来当时把广州隔成河南河北的珠江，比现在所见的宽阔很多，两岸人对望不能分辨面目。童谣说"河南人见面"即说江水干涸，人可走进河道，两岸间可看清面目。有地方官相信此童谣，特在江边建"见面亭"，以期盼广州早出状元。

　　一次，从官场退下回到广州隐居的名士李昴英，梦见有人张弓搭箭射江，江水干涸。醒来占卜，他据卦文说未来中状元者必是"张氏子"云云。其时只有12岁的张镇孙闻知，笑对同学说："安知不是鄙人！"众人笑他痴想。谁知后来在咸淳七

状元坊

廖宗怡绘

年（1271），广州城南的珠江果然江水枯竭，张镇孙真的中了状
元。他后来把自己的文章结集出版，还命名为《见面亭集》。

　　张镇孙中状元当然并非靠"天意"，而是靠真才实学。他在
皇帝主持殿试时，写下洋洋洒洒7000字的《廷对策》，文中纵论

天下兴亡治乱之事，提出"天下国家以民为命脉"，"良以民心所归，即天命之所祐；民只之可畏，即天显之可惠"，"训守牧，戒贪残，以布治也"，"竭泽而渔，不忍也"，"郡国无征敛之政，而行政仁矣"等直谏忠言，还痛责贪官中饱私囊的丑行。

张镇孙中状元后，因不巴结当政的奸相贾似道，故只先后任秘书监正字、校书郎、婺州通判等小官，无法施展治国之才。德祐元年（1275）元兵南侵，百官星散，张镇孙把双亲送回广州故里，却被人弹劾"逃遁"而被罢官。张镇孙见朝廷政事日非，早厌倦仕途，遂隐居家中。景炎元年（1276），南宋流亡皇帝端宗逃难至广东，广州被元军占领后，广州一带的南宋溃军重新集结，奉张镇孙为帅。宋帝封他为龙图阁待制、广东制置使兼经略安抚使，统管广东军政大权。他与都统凌震分率东西两路宋军，打了几场大仗。景炎二年（1277）四月，他收复了广州，兵威大振，可惜半年后元军又以优势兵力攻打广州，城中弹尽粮绝之际，张镇孙以不屠城为条件降于元军。十一月，元军占领后遵约不杀百姓，但张镇孙却被囚，随后被押解往京城。景炎三年（1278）三月，张镇孙被解至粤北大庾岭时，自尽而逝。其侄时在南雄，为之成殓。其门人张元甲护其柩归葬广州永泰里（今三元里）祖坟。仍在统率南宋军队的文天祥闻之，写诗沉痛悼念张镇孙，南宋行朝亦悼念他为死难大臣。

张镇孙曾屯兵河南（今海珠区）龙尾导（后称龙导尾，今同福中路南侧至海珠涌一带），于此开凿过一井，后人称"状元井"。后来"状元井"成为小巷的巷名，小巷及井至今仍存。状元坊的牌坊则毁于明末战火，其街在清末民初为朱义盛金饰街，20世纪初至50年代后期是刺绣戏服作坊集中之地。20世纪末，此街成为饰物精品一条街，不少青少年爱到此街购物。街口新立了牌坊，著名国画大师关山月题写了街名——状元坊。街口还塑造张镇孙像，纪念这位爱国状元。

圣贤里缅怀黄佐

三百年里第；

十七世书香。

这副对联原是泰泉旧里黄氏大宅的门联。泰泉旧里原位于今越秀区北京路青年文化宫的范围中，邻近还有一条大司成里。如今其北面健民药房旁边还有一条小巷，名叫圣贤里，也因纪念黄氏大宅而名。

上述门联乃清代广东名诗人黄培芳所书，虽然口气颇大，却并非自吹自擂，而是名副其实的世泽绵长。他的爷爷黄佐是黄氏一族中最著名的一位。

黄佐（1489—1566），字才伯，号泰泉，广东香山县荔山（今属珠海）人。他的祖父黄瑜、父亲黄畿，均为一代儒宗。黄瑜于明成化五年（1469）任广东长乐（今五华）知县，离开官场后到广州建屋定居，在门前种了两棵槐树，吟咏其间，世称"双槐先生"。黄畿精通三才、五行，著有《三五元书》《易说》，世称"粤洲先生"。清初屈大均著的《广东新语》称："粤人著书之精奥者，以畿为最。"黄佐家学渊源，8岁能诗词，并攻天文、历算之学。21岁中解元，31岁中进士。历任翰林院编修、南京国子监祭酒等职，官府曾为他立"大司成"牌坊。"国子监"，相当于今高等教育部，"祭酒"相当于部长。"大司成"乃"国子监祭酒"的别称，加上黄佐号泰泉，故后来其故居附近街巷命名为泰泉旧里、大司成里。

黄佐的做官箴言是："首为清，次为慎，三为勤。"不过，他这学者型官员终究难以得意于官场，后来他以母病为由辞官归广州居住，既著书立说，又把白云山景泰寺改为泰泉书院，广收弟子。他的弟子中不乏俊贤之才。如明代岭南诗坛著名的"南园后五子"中的欧大任、梁有誉、黎民表，均出自黄佐门下。

在学术上，黄佐是明代学坛中独树一帜的人物，著有《诗经通解》《礼典》《乐典》《乡礼》《小学古训》《续春秋明经》等。在诗坛上，黄佐也是一代宗师，著有《两都赋》《泰泉集》等。他的诗雄直恣肆，独有风格，被后人誉为"广东的韩愈"，清代诗坛大家朱彝尊认为他是岭南诗派的领袖，功不可没。黄佐在地方文献方面的贡献尤为卓著：正德年间写成《广州人物传》二十四卷，分门别类记载广东历代先贤近二百人；嘉靖六年（1527）编纂成《广州府志》，共七十卷五十余万字；嘉靖三十七年（1558）主纂《广东通志》，历时三载，成书七十卷，此书为后世所重；还编成《罗浮山志》《广西通志》《香山县志》等。黄佐还有史类著述《通历》《革除遗事》《翰林记》等。他去世后，朝廷诏赠礼部左侍郎，谥"文裕"，故后世亦尊称他为黄文裕。

黄佐收藏了不少书籍，曾在故里建藏书楼，名叫"宝书楼"。到清代嘉庆年间，他的裔孙黄培芳将宝书楼改建，易名"岭海楼"，请广东学政翁方纲题写楼匾。黄培芳（1779—1859），字香石，道光年间官至内阁中书、肇庆府训导等职，后归居泰泉旧里，号"粤岳山人"。其诗清丽奇绝，与张维屏、谭敬昭并称诗坛"粤东三子"。之后，黄家仍代有才子，如黄照文、黄鲸文、黄映奎、黄佛颐等，皆著述有成。黄佛颐（1886—1946），字慈博，黄映奎之子，宣统元年（1909）拔贡。历任广东通志局分纂、香山县修志局分纂等职。他著有《广东乡土史》《岭南藏书家考略》《广州城坊志》等书。其中《广州城坊志》是后世考证广州城中老街巷的重要参考书。数百

圣贤里

年间，黄氏能以文章学术传家，里第仍能保存，是很难得的。

　　大司成里和泰泉旧里在抗日战争时期遭日本军机轰炸，被夷为平地，后该地曾为游乐场。新中国成立后，此处建为青年文化宫，靠北部分即为两街故址。如今尚有圣贤里，可供人缅怀黄氏数代人的事迹。

湛家大街忆湛若水

　　提起中共广州市委大院与越秀北路之间的湛家大街，不禁令人怀念明代著名教育家湛若水。

　　湛若水（1466—1560），字元明，号甘泉，增城新塘沙贝村人。他师从著名理学家陈献章，后来也成为著名理学家，人称"甘泉先生"，他的学派也称"甘泉学派"。他本无心当官，后为慰母之心愿，只好应试。他于40岁考中"榜眼"（殿试第二名），后进入仕途，官至南京礼部、吏部、兵部尚书。他为官廉洁，有一次出使安南（今越南），婉言谢绝安南国王馈赠为数不少的金银，一时被传为佳话。他任翰林官时，常利用向皇帝讲学的机会，规劝皇帝"亲贤远奸"，提防皇亲国戚"恃宠坏法"。他在南京讲学时，与王守仁（阳明）齐名，形成当时的王、湛两大学派，王主张"致良知"，湛主张"随处认天理"。

　　湛若水一生热心教育事业，以兴学养贤为己任，是广东历史上创办书院最多的教育家。他在增城创办甘泉书院、独冈书院、莲洞书院、明城书院；在龙门创办龙潭书院；在南海西樵创办大科书院、云谷书院、天阶书院；在博罗罗浮山创办朱明书院、青霞书院、天华书院；在韶关创办帽峰书院；在英德创办清溪书院、灵泉书院；在南京创办新泉书院、同人书院、惠化书院……

　　湛若水70岁那年辞官回粤，在今市委大院东边一带建了一座占地数十亩的园林——湛家园，以作退休后游憩之地。从此，他专门从事教育活动，长达24年。他在湛家园南面一

湛若水像

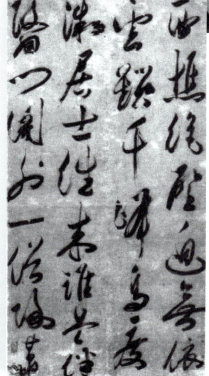

湛若水《行草轴》

带兴建了一座名为"天关精舍"的书院。该精舍附近街道亦随之改名天关里，后讹变写成天官里，东风中路扩建时天官里被拆平。天关精舍有一段老人求学的佳话。当时，77岁高龄的吴藤川仰慕湛若水的道德学问，到天关精舍拜湛若水为师。湛若水被他的好学精神感动，尊称他为藤川丈人，并赠送他一根用南岳四方竹制作的拐杖给他。师生之间情谊弥笃，常有诗词唱和。数年后，天关精舍中来了两位年纪更大的学生，一位是81岁的黄慎斋，一位是82岁的黎养真，人们把吴藤川与他们并称为"天关三皓"。他们的老师湛若水还写了一首《三皓》诗相赠。不久之后，又来了一位102岁的简姓老翁，向湛若水执弟子之礼。湛若水待之若贵宾，礼遇有加，更为众弟子所尊重，有画家还以他们几位白首师生共乐共研的情景为题材绘就《师弟三皓图》。

湛若水去世后，湛家园成为湛氏后人的聚居地，可惜名园毁于清代第二次鸦片战争中。不过，为教育而献出大半生精力的人始终受人们的敬重，后来在湛家园遗址中建成的街道，人们仍以"湛家"名之，计有湛家大街、湛家塘边巷及湛家一、二、三、四、五巷等。

福地巷记伦文叙父子

海珠中路有条福地巷，巷名得于"鬼才"伦文叙"一门四元"的故事。

伦文叙（1466—1513），字伯畴，号迁冈，明代广东南海县魁冈堡黎涌村人，父辈时来广州居住。他有不少传奇故事流传于民间，真真假假，弄得一般人竟以为状元坊原是伦文叙居住之地。比如状元坊朱义盛（一种仿金饰物）金铺开张，尚是小童的伦文叙去打银牌，吓走捣乱的恶鬼，令朱义盛饰物风行数百年。

其实伦文叙故居位于今海珠中路福地巷。据说他少年时家贫，母子相依为命，只好白天卖菜，夜间攻读诗书。因勤奋聪颖、才思敏捷、能言善辩，人们戏称他为"鬼才"。一次，他送菜到某财主家，见到主人与朋友们围着一幅《百鸟归巢图》在议论题诗。主人认得伦文叙，便请他在画上题诗。几个富家子弟看不起他，出言讥讽，伦文叙便有意捉弄他们。只见他提笔故意边思边写，写下第一二句便停笔。富家子弟一看，哇哇大叫："你写坏这幅画了！"原来伦文叙写了："飞来一只又一只，三四五六七八只"。此时连信任伦文叙文才的主人，心里也不是滋味。谁知伦文叙面露微笑，又提笔疾书："凤凰何少鸟何多，啄尽人间千万石"！

这两句寓意深刻，发人深省，富家子弟也不敢再笑。主人拍案叫绝之余，问伦文叙头两句的意思。伦文叙解释说："头两句是点出有一百只鸟。一只又一只是两只，三乘以四是十二，五乘以六是三十，七乘以八是五十六，累加起来便

伦文叙像

是一百了。”众人不禁大赞佳句，刚才大叫的人也不禁满脸羞惭。

伦文叙24岁考中举人，34岁上京考试，连中两元（会试得第一中会元，殿试亦第一中状元）。

广东自南宋张镇孙中状元以后，200多年没出过状元，这次伦文叙一鸣惊人，官府也连忙过来巴结，家居亦“鸟枪换炮”，建起新屋了。

伦文叙当官后，史称他“仗大义”“恤孤寡”。任经筵讲官时，他能旁征博引，善于启迪、规喻，连弘治皇帝也“和颜倾听”；任试官时他悉心选贤取士，公正无私。他官至右春坊、右谕德兼翰林院侍讲，时人认为他前途无量，可惜他47岁便英年早逝。

幸而伦文叙教子有方，三位儿子都各有成就。长子伦以

165

谅在乡试中中解元（第一名举人），后中进士，官至监察御史、通政司参议，为官刚正，史称他"严关防，端矩度"，"正色立朝"，敢于弹劾渎职大臣；次子伦以训15岁中举人，20岁上京考试，会试中会元，殿试中榜眼（第二名），后官至国子监主官，是精通朝廷典章制度的专家，史称他"不植党，不树私，不苟取"，著有文集48卷、诗集32卷，主编明朝典章法规200卷；幼子伦以诜，17岁中举人，后中进士，官至礼部仪制司主事、南京兵部武选司郎，著作有文集56卷，诗集43卷。

伦氏父子科举考试共中状元一个、会元两个、解元一个，故称"一门四元"，成为轰动广东的佳话。于是人们遂把伦家所在的街巷称为"福地巷"。伦文叙的故居"世业堂"到清代仍存，当时诗人樊封有诗咏道：

鼎甲频抡世业堂，金钺绣出几鸳鸯。
里称福地同冠盖，壁有莲灯笏半床。

福地巷

诗书路与诗人张诩

　　诗书路在清末民初时名诗书街，20世纪30年代开马路时称诗书路，20世纪60、70年代改名红书路，1985年复名诗书路。它的得名源于明代知名诗人张诩。

　　张诩（1456—1515），字廷实，号东所，番禺人。少年好学力行，受业于陈白沙（献章）。明成化十年（1474）中举人，成化二十年（1484）中进士。张诩有奇才但性耿介，鄙名利，中进士后做了3年官，便以病为由辞官回广州，买了唐代仁王寺旧址的西圃辟为竹坞，筑"看竹亭"（当代大德市场位置）而居，园中立有"咏竹诗碑"。他家近闹市，但他读书却不怕嘈杂音，路人经过常听到他吟诵之声。福建莆田知名文士彭韶赞张诩为"岭南孤凤"。张诩回穗后，总督两广都御史屠滽促他回京，授户部主事，辞不受；弘治年间巡按使黄饥荐诩"学优良，行高慎"，促进京，他以疾辞；正德初年御史程材向上举荐张诩"为岭南学者所师友，践履纯笃，可大用"，朝廷再召用，他辞如前。继而吏部以诩"敦庞博雅，绰有古风，恬静清修"，荐亦不就。正德七年（1512）巡抚御史周谟举荐张诩"议论明正，事体疏通，言不忘道，志不忘君"，正德八年（1513）御史高公韶举荐他"学有体用，不为一偏之行，冀起用"，正德九年（1514）朝廷召他为南京通政司左参议，他先上疏请辞，推不掉后才赴京，但一谒孝陵即告归。他的业师陈白沙曾赠诗给他："五年不出独何心，万里行囊又一琴。难写别离今日意，江门春水不如深。"又赞他的学问"以自然为宗，以忘己为大，以无欲为至"。

张诩于绿荫漪漪的"看竹亭"中隐居20余年，其诗神凝韵致，其书法苍劲郁勃。他有诗《光孝寺》云：

百粤山川秀，三城甲第雄。

笙歌闻院落，云雾隔帘栊。

泡影千年计，繁花一旦空。

遂成兵燹地，长动黍离风。

人物消应尽，江山敻不穷。

昔为虞氏圃，今作梵王宫。

有客题诗遍，无人载酒从。

西来僧未觌，何处问圆通。

由于张诩诗书俱佳，加上德行高雅，所以后来其家一带建街，命名为诗书街。他著有《白沙遗言纂要》《东所文集》《南海杂咏》《新会崖山志》等。

诗书路

仰忠街敬御史周新

抗辩王前，横眉惩奸佞；
萧条身后，仰首敬忠良。

北京路东侧的仰忠街，原名高第里，说其改名为仰忠街的缘由有两个版本。历史学家说的是源于纪念明代的铁面御史周新，市井中人说的是源于赌徒陈仰忠做了好事得到好报。

先说流传于"讲古佬"（民间说书艺人）口中的版本。从前高第里有个陈仰忠，虽然好赌成性，但仍有侠义之心。一次，他看到一个破了产的外地商人要自杀，立刻把身上所有的钱给商人，使商人重新振作回乡。后来商人成了巨富，又看破世情而出了家当僧人，他把财产全部变卖铸成金锭，每个金锭铸着"陈仰忠"三字，埋于寺中地下，以图报恩。他后来成为主持，去世前命徒弟到广州找陈仰忠，请他到寺中收取商人报恩的金锭，于是陈仰忠顿成巨富。他除捐出巨资重建该寺大雄宝殿外，又回广州捐资把高第里全部房屋改建一新，命名仰忠街。

研究历史的学者却认为，上述故事只是民间文人虚构出来的，仰忠街实际上是纪念明代正直廉洁、执法严明、最后以身殉职的铁面御史周新。上文引的对联就是赞颂周新的高风亮节的。

周新（？—1412），初名志新，字日成，祖籍南海，世居高第里。他为人正直，少时已好打不平、耿直刚厉。明朝洪武年间，他被选入太学读书。建文元年（1399）中进士，后任大理寺评事（审核刑狱案件的官员），以断狱公允著称。

永乐元年（1403）起，任监察御史，先后巡察福建、北京、云南、浙江。他疾恶如仇、耿直敢言，不少权贵也怕他三分，称他为"冷面寒铁公"。而明成祖却对他十分信任，数年间他所奏无不允，又直呼其名为"周新"，于是他原名志新也改名周新了。

周新在考察吏治、办理案件的过程中，精明能干，民间流传不少他的传奇故事。如说他赴浙江上任途中，见路旁荒地聚着一群飞蚋（嗜吸食人畜血的黑色飞虫），即命人拨开草丛查察，发现一具有被杀害痕迹的尸体。周新据死者身上系着的小木印，判明其为布商，于是命人到附近市镇搜购布匹，终于发现一间布铺卖的布匹上盖有死者木印的印文。抓住此线索，官差终于将凶手逮捕法办。又有一次，他微服出访，故意顶撞县官而被捕入狱，在狱中他了解到县官贪赃枉法的实情，终于惩治了贪官。

周新执法一直不怕权贵。约在永乐九年（1411），皇家特务机构锦衣卫指挥使纪纲派了一个千户（武官名）到浙江办事，这千户公然收受贿赂、作威作福。周新不怕他后台硬，下令惩治他，他却闻风溜走了。不久周新上京，途中遇见此千户，马上把他逮捕，不料千户从狱中逃走回京向主子纪纲哭诉，反诬周新瞧不起锦衣卫。纪纲遂罗织罪名逮捕周新。周新在狱中被折磨得体无完肤，但始终不屈。被押到皇帝面前时，他仍高声抗辩："臣擒奸除恶，为何加罪？"永乐帝被激怒，下令把周新处死。临刑时他不肯下跪，高叫："生为直臣，死当作直鬼！"时为永乐十年（1412）。后来永乐帝闻知他临刑之言即感后悔，向侍臣问周新是哪里人，侍臣答曰"南海"，永乐帝叹道："想不到岭外乃有此人，枉杀之矣！"后来纪纲服罪被斩，周新冤情大白，永乐帝追封周新为浙江城隍之神。周新两袖清风，死后没有留下钱财，也没有儿女，其妻独自带着他遗下的几卷书籍与几套衣服，回到广州高第里居住，过着一贫如洗的生活。都御史杨信民巡抚广东时，到过周家慰问周新遗孀，并用自己的俸禄予以周济。

　　周新去世后，浙江百姓仍然怀念他，在编写《浙江通志》时把他列入"名宦传"中，还在杭州建祠祭祀。广州百姓亦尊崇他的刚正忠直，不仅在乡贤祠中祭祀，还把他的故居所在地高第里改名为仰忠街。

仰忠街

元运街缅怀陈子壮

> 洛墅名花骚客栽，从戎抗暴势如雷。
> 豪雄正气传千古，最是临刑斥蠢材！

笔者这首《咏陈子壮》诗，首句说及的是广州越秀区元运街古名园洛墅的往事。

元运街位于东川路西侧、新河浦涌北面，东起东川路南段，西至元运新街。此街古称元运里，晚清时已称元运街。明代后期元运里有名园"洛墅"，乃爱国诗人陈子壮所建及曾居住之地。洛墅有精致的房屋，有大湖名玉带湖，斜跨弓桥名九曲桥，并有命名为"此花身"的画船可航于湖中，其命名取唐诗"几度木兰舟上望，不知原是此花身"之意。湖边精舍门额上刻"虫二"二字，有不识其意者问，答曰"此雅谜也，寓'风月无边'四字耳"。说起来，清代广州河南（今海珠区）漱珠桥的饮食名店"虫二楼"的取名，也是师法陈子壮呢。

陈子壮（1596—1647），字集生，广东南海沙贝村（今属广州白云区）人，出生于广州九曜坊（今在教育路）。其父陈熙昌乃饱学的进士，母亲是知书识礼的大家闺秀。陈子壮家学渊源，自小勤奋读书，7岁能诗，有"神童"之誉。20岁中举人，24岁中进士并在殿试中获一甲第三名（探花），授翰林院编修，任职史馆。当时太监魏忠贤把持朝政、结党营私，朝野怨恨。天启四年（1624），陈子壮出任浙江乡试主考官，他出了一道题"论历代宦官之祸"，乡试结束后还拟文论证，历数各朝宦官之祸害并呈献给皇帝。满朝有正义感的官员皆感到痛快，唯魏忠贤心怀忌恨。魏忠贤想拉拢他，却被他严词拒绝。因此，不久后陈子壮与任吏科给事中的父亲都被罢官。直到崇祯皇帝登基，魏忠贤被法办，陈子壮才复职，任至礼部右侍郎。但崇祯八年（1635），他又因直言而获罪入狱，次年才出狱回乡。陈子壮回广州后，除在洛墅与文人雅聚外，还与弟陈子升、门人黎遂球、友人欧主遇等共12人复办南园诗社，振兴岭南诗坛，世称"南园十二子"。每逢春秋佳日，名士大集洛墅，吟诗论文，一时称盛。

明亡后，福王朱由崧即位南京，年号弘光，史称"南明"。弘光帝召陈子壮任礼部尚书。但陈子壮未到任，弘光帝已被清兵杀害。继后的隆武帝拜陈子壮为兵部尚书，陈子壮未到任，隆武帝又被清军俘虏。随后桂王承继南明政权称永历帝，封陈子壮为东阁大学士兼兵部尚书。在清军攻占广州后，陈子壮和弟陈子升、长子陈上庸等倾家筹资，在九江组织义军力抗清军。后来他联络张家玉、陈邦彦等义军，合力攻击清军。在与强大的清军作战中，陈子壮退守九江。在坚守九江

陈子壮像

战斗中，长子陈上庸牺牲。后来张家玉战败，负伤投水塘自尽；陈邦彦战败被执，不屈就义；陈子壮部在高明仍力抗清军。后清军攻陷高明，陈子壮被俘。面对原为明将、后降清的佟养甲的审讯时，陈子壮拒绝劝降，力斥佟养甲变节求荣是败类，气得佟养甲下令把陈子壮以锯刑处死。在广州临刑时，刽子手无法锯下，陈子壮虽已成血人，仍厉声斥道："锵（锯）人需用板夹呀，蠢奴！"陈子壮就这样壮烈牺牲，时年51岁。他的豪雄正气感动了无数后人，与张家玉、陈邦彦一同被后世史家誉为"岭南三忠"。南明永历帝追赠陈子壮为忠烈侯，谥"文忠"。

陈子壮留下遗言"书可读，不可试；田可耕，不可置"，至今仍颇堪品味。其遗著由后人集成《陈文忠公遗集》出版。新中国成立后，陈子壮的感人事迹仍然被广为传颂。20世纪50年代末，广州编剧家黄锡龄编成粤剧《血染越王台》，歌颂了陈子壮的一生，此剧演出后传颂一时。80年代，沙贝村的宋名贤大夫宗祠被辟为陈子壮纪念馆。90年代初，南海九江重修陈子壮当年建的桥，并新建探花公园。近日笔者到陈子壮纪念馆阅其资料，却未见写入他在洛墅的一段经历。元运街的洛墅，在清代的《番禺县志》《南海百咏续编》均有记载。洛墅入清后已荒废，至康熙初年为清将镶黄旗王姓参领购为别业，也曾聚诗人雅集。但到晚清时已破败，至今更无迹可寻了。

张维屏诗记清水濠

生长清濠十九年，中间贤里向西迁。
今朝又卜清濠宅，重话儿时一惘然。

这首清代著名诗翁张维屏写的《清濠诗》，记录了他在越秀区清水濠街的足迹。原来，他生于斯、逝于斯，可惜当代人已几乎忘记，总以为他只生活在芳村。

名为"清水濠"的街巷，今东起越秀南路，西至文德路（中间隔着德政南路），算得上是一条长街。此因这条街一带曾是名为清水濠的河涌，后来淤塞至填为陆地，街道便名为"清水濠"了。元朝增城人陈大震编纂的《（大德）南海志》记："清水濠在行春门外，穴城而达诸海，古东澳也。濠长二百又四丈，阔十丈。"文中说的行春门，大约在今大塘街（古时文溪下游）南面与贤思街交界附近，东澳则大约在今"槐花前"（小巷名）附近，水道直通清水濠。陈大震记当时的清水濠"阔十丈"，即使那时的"丈"比后世的"丈"短些，但也比今日的街巷阔得多。古东澳是宋代盐船的专用码头，元代时已因文溪淤塞不能行船而废置，后来连清水濠也成为陆地并建起民居形成街道。清代张维屏就是生于这条街中的。

张维屏（1780—1859），字子树，号南山，祖籍浙江，曾祖时因经商迁到番禺入籍。张维屏于乾隆四十五年（1780）生于清水濠。其父张炳文饱读诗书，在张维屏11岁时到富商潘有度家教书，张维屏随父入馆与潘家子弟一起读书。13岁时在县考童子试名列榜首，才学闻名于乡里。嘉庆三年（1798），张维屏迁居到贤乐里（今越秀区天成路西侧）。嘉

林广平绘

庆九年（1804），张维屏中举。他28岁上京考试时，被诗坛名家翁方纲盛赞，名气渐起，但却失意科场，上京连考五次不中。其间他致力于钻研诗作，与各地名诗人酬唱甚多，诗名更显。道光二年（1822），他高中进士，以后历任黄梅知县、松滋知县、襄樊同知等职。道光七年（1827），因"丁忧"（父丧需离职）而返广州，次年举家迁回清水濠旧居。后被聘任为学海堂学长，从事教育活动。父丧满期后再上京为官，历任袁州府同知、吉安府通判、南康府知府等职。道光十六年（1836）辞官回广州，此后他居于花地听松园，先后在广州学海堂、东莞宝安书院讲学。林则徐到广州禁烟时，时与张维屏谈论禁烟之事。

张维屏是近代著名诗人，其长诗《三元里》真实记录了广州百姓反帝反侵略的斗争，被誉为"近代文学开篇之作"。唱咏陈连升等三位将军反侵略斗争的《三将军歌》，也是张维屏的名作。他与提出"师夷长技以制夷"的思想家魏源交情很深，也赞成"睁眼看世界"，关注世界先进科技成果，如他在《火轮船》一诗中大为称赞新出现的机动船。在《金山篇》一诗中，他记述了近代赴美华工开发金矿之事，是同类题材诗歌中的第一首。咸丰九年（1859）九月十八日，张维屏逝世于清水濠居所。他著述甚丰，当代出版了七卷本《张南山全集》。今萝岗的玉喦书院尚存他写的对联："行云流水见真性；明月清风来故人。"

粤秀书院街忆陈澧

承先赓雅韵，

启后在书香。

这曾是越秀区北京路西侧越秀书院街街口的对联，教人联想起清代这里的名书院粤秀书院（古代粤越相通）。

粤秀书院是清代广东新建的第一所省立书院，由两广总督赵洪灿、广东巡抚范时崇发起所建，建于康熙四十九年（1710），面积约3700平方米。书院规格高、经费足、藏书多、管理严。除了院长亲自讲课外，还有全国知名学者任教，每月均有省级大官轮番听课，或命题考试，故该书院在清代教育界中享有盛誉。雍正十一年（1733），粤秀书院获朝廷赏赐白银两千两的殊荣。

粤秀书院师生故事多。先当学生后任教师的是广东著名才子宋湘，上文《潮音街畔听海潮》中已有介绍。而粤秀书院的学生后来成为著名学者的首推陈澧。他也是一生紧密地与古越秀地区联系在一起的名人，生于斯、长于斯，主要业绩出于斯，亦逝于斯。

陈澧（1810—1882），字兰甫。他生于木排头（今越秀区北京路西侧内街）。此处在宋代以前是珠江边，常泊木排，故名木排头。他少年时读书于祖宅东厢，故后来将自己的著作题为《东塾读书记》，被人尊称为"东塾先生"。十五六岁时，他已显现诗才，名诗家张维屏盛赞其诗，并教以诗法。他还向史学名家侯康学史。又先后在羊城、粤秀两书院读书，师从谢兰生、陈仲麟。在粤秀书院读书时，他已对多种学问产

越（粤）秀书院街

生兴趣。道光十二年（1832），他考中举人，以后却屡试不第，后获大挑（朝廷从三次会试不中的举人中挑选县令、教谕）二等，被任命为翁源县学训导。他到任仅两月便告病回广州。从此专心著述及在广州从事教育事业，任学海堂学长长达二十多年。同治六年（1867），陈澧受聘为菊坡精舍（书院名）首任山长（相当于院长）。他前后执教数十年，不少学生学有成就，形成"东塾学派"。

陈澧博学多通，除经学外，兼通天文、地理、音韵、乐律、文字、算学，又工诗词，善书法和骈体文。生平治学勤勉扎实，著述丰富，其中如《东塾读书记》《汉儒通义》《声律通考》《切韵考》《东塾集》，尤为世人所重。其诗名虽被学术所掩，但其诗则反映了他并非不理世事的学究，而是关心社会的学者。如《大水叹》，是他关注环境保护和人民生计的古体长诗，直斥无限制毁林开荒、拦海造田。他于道光、咸丰年间有此见地，当代人岂不脸红？鸦片战争期间国难当头，他也写成《炮子谣》《有感》《白蚁行》等针砭时弊的作品。陈澧的散文朴素平实，在当时粤文人中自成一格。他曾撰文说："昔人谓史家有三长：学也，识也，才也。澧尝论之，以为文章家亦然。无学则文陋，无识则文乖，无才则文弱而不振。"此论将文史等量齐观，见解深刻，对为文者为学者，至今犹有意义。

陈澧的学术在外国也有影响。咸丰八年（1858），他开始写通论古今学术的《学思录》，十多年后尚未完成。同治十年（1871）他大病一场，治愈后觉得全书不易完成，遂听从学者朋友的建议，摘取原稿部分内容，于光绪元年（1875）印成《东塾读书记》。全书内容包含对经学源流得失的探讨，兼及西汉以后的学术研究，而关于音韵学的论述则更为精粹。该书流传到日本后，成为日本高等学校治汉学专业的必读书。

陈澧写成的《广州音说》，是最早研究广州方言的著作，既揭示了广州方言的音韵规律，也指出广州方言因中原移民而保存了中原中古音韵，这是他的一个重大发现。他根据创办学海堂的名学者阮元的《积古斋钟鼎彝器款识》一书，仿制了古笛，成为我国研究和复原古乐器的先驱。他29岁写成《切韵考》，后来被梁启超赞为"绝作"。又通过研究唐宋诗词考证曲调，写成《唐宋歌曲新谱》。他一生著作有116种，涉及十一大类。由于他学识渊博，比他年长二三十岁的名学者也乐于与他交往。两广总督郭嵩焘甚至说："到广东只要会晤过陈澧的，便不枉此行了。"光绪七年（1881），朝廷赏赐他五品卿衔，也算是官方对他的学术成就的肯定。次年正月二十二日（1882年3月11日），陈澧病逝于广州，下葬于大东门外大蟠龙岗。官府在越秀山麓菊坡精舍西面建起专祀他的祠堂，纪念他为教育事业作出的贡献。可惜，其故居、祠堂、坟墓今已无从寻觅了。

长兴里记康有为办
万木草堂

万木森森万玉鸣，
集鳞片羽万人惊。
更将散布人间世，
化身万亿发光明。

　　这是晚清维新派领袖康有为自咏创办万木草堂之功的七
绝诗。中国近代史上，戊戌维新变法是一个重要事件，而康
有为创办的万木草堂是培养维新思想人才的地方。万木草堂
的确是越秀区的名地，岂可不弄清楚其来龙去脉呢？

　　先从康有为在长兴里办长兴学舍前后谈起。清光绪十五
年（1889），康有为赴京应试不中后回到家乡南海，次年春举
家迁到广州的祖屋云衢书屋，决定办教育、倡变法、育人才，
不久后在云衢书屋开班授徒，第一个弟子是原在学海堂就读
的陈千秋，接着陈千秋引荐同窗好友梁启超拜在康有为门下，
从此陈、梁成了康有为的得意门生兼得力助手。经陈、梁引
荐，不久后康有为有了二十多个学生，云衢书屋已容纳不下。
光绪十七年（1891），康有为在广州长兴里邱氏书室开办长兴
学舍，自任总教习、总监督，正式讲学。他还写下《长兴学记》
作为学规。

　　邱氏书室是宗族书院，故又称邱家祠，由增城举人邱觉
黉于嘉庆九年（1804）倡建。康有为在此办长兴学舍未足一年，

学生已增至四十多人。由于容纳不下，光绪十八年（1892），学堂移到卫边街（今吉祥路）较大的邝家祠。

由于康有为办学有新意，打出讲求经世致用的"实学"牌子，以"激励气节、发扬精神、广求智慧"为教学宗旨，所以年轻学子拥趸越来越多。梁启超后来回忆说："中国数千年无学校，至长兴学舍，虽其组织的完备不达泰西之十一，而其精神则多未让之。其见于形式上者，如音乐至兵式礼操诸科，亦皆属创举。"一年后，康有为把学舍迁到广府学宫仰高祠（今广州市第一工人文化宫后面），学生有一百多名。仰高祠周围树木婆娑，晚清名学者、教育家梁鼎芬与康有为

郝鹤君绘

相叙时赠七律诗一首，其中有句"九流混混谁真派，万木森森一草堂"，对康有为寄予厚望。康有为因此把长兴学舍改名，在仰高祠挂起"万木草堂"的牌匾。

说到此，可知万木草堂起自长兴学舍。邱氏书院所在的"长兴里"，命名在长兴学舍之前还是之后呢？学者们未作探究。不管怎样，长兴里也是值得纪念的街名了。

自长兴学舍开班到戊戌变法失败后万木草堂被朝廷查封，康有为在广州办新学共办了八年，连同他在此期间到桂林讲学所收的弟子，其门生先后有千余人，其中梁启超、陈千秋、韩文举、麦孟华、徐勤、梁朝杰、曹泰等成了变法维新运动的骨干，万木草堂对维新运动起的重要作用不容否认，它在中国近代史上的地位也不容低估。也因万木草堂始于长兴学舍，所以作为广州市文物保护单位"万木草堂"的挂牌处也挂在长兴里3号的邱氏书室旧址，即文德路与中山四路交界的东南侧。如今在中山四路口透过玉鸣轩大楼底层的空隙中，也可望见"万木草堂"这座古色古香的宗族书院外貌。

万木草堂

杨家祠忆杨匏安

慷慨登车去，相期一节全。
残生无可恋，大敌正当前。
知止穷张俭，迟行笑褚渊。
从兹分手别，对视莫凄然。

这是共产党员、革命烈士杨匏安的《死前一夕作示狱友》诗，他面对反动派的威迫利诱坚强不屈，为革命慷慨捐躯的前夕，仍然写诗鼓励战友坚持斗争，高尚情操千秋铭记！

杨匏安在广州的革命经历，铭刻于中国共产党党史中，那时他就住在位于今越秀区的杨家祠内。杨家祠也是大革命时期共产党的重要活动场所之一。

这杨家祠位于今越华路116号广东省轻工业厅大院内自编第五栋。原是香山县南屏（今属珠海市）北山杨氏家族在广州建的宗族祠堂，也是杨姓子弟到广州考试时的落脚地方，故又名"泗儒书室"。杨匏安于1918年举家迁到此处居住。2019年4月，旧址修缮为杨匏安旧居陈列馆，并正式对外开放。此处还是广东省文物保护单位、广东省中共党史教育基地。

杨匏安（1896—1931），原名麟焘，又名锦焘，笔名匏庵，广东香山南屏北山村（今属珠海）人。他出生于茶商家族，早年丧父，靠母亲以手工维持生活。少年时他在本乡读书，中学时考入两广高等学堂附设中学（今广州广雅中学）读书。毕业后回乡任小学教员。他生性耿直，目睹该校校长贪污，愤而揭露，岂料却反遭诬陷而被捕入狱。出狱后与同姓兄弟到日本留学，接受了西方各种流派的社会思潮，思想更倾向进步，认识了一批思想进步的朋友。

1916年，杨匏安从日本回到家乡，与吴佩琪结婚。1918年初，他举家迁到广州，住进杨家祠。后在时敏中学任教。此时，他在日本认识的朋友陈大年任《广东中华新报》主笔（总编辑），陈大年力邀他兼任该报记者。于是，杨匏安在该报发表了一系列文章。1919年五四运动爆发后，杨匏安积极投身反帝爱国斗争，并在《广东中华新报》上发表介绍国外各种社会科学学说的文章。其中1919年11月11日至12月4日连载的《马克思主义》一文，是华南地区最早系统介绍马克思主义的文章，与李大钊同年在北方发表的《我的马克思主义观》，同为中国早期传播马克思主义的不朽之作，后人称为"北李南杨"。

1921年，杨匏安加入中国共产党，在他先后任教的南武中学、省立甲种工业学校指导学生运动，他的文章极受学生欢迎。第二年，他发表长篇白话文《马克思主义浅说》，再次介绍了马克思的唯物史观和政治经济学。尔后又发表《无产阶级与民治主义》，对无产阶级与资产阶级合作问题作了探索。他代理团广东区委书记时，深入铁路工人中活动，培养工运骨干，逐步建立了广三、广九和粤汉铁路的党、团支部。

1923年6月，中共三大在广州召开，决定同国民党合作，共产党员以个人身份加入国民党。次年1月，国民党在广州召开第一次全国代表大会时，杨匏安被推举为国民党中央组织部秘书。1924年10月，中共广东区委成立，杨匏安任监察委员。次年6月，他与邓中夏等先后到香港发动省港大罢工。7月1日，他被香港政府警方逮捕，关押了50天后被"驱逐出境"回广州。11月，在国民党广东省党部第一次代表大会上，他当选为省党部常委兼组织部部长。1926年1月，在国民党第

杨家祠

二次全国代表大会上，他当选为中央委员、常委，并任中共驻国民党中央党团书记。当时，国民党右派极力反对国共合作，他旗帜鲜明地予以驳斥。

1927年上海"四一二"反革命政变后，广州国民党当局也于4月15日大举搜捕共产党员。杨匏安得陈大年掩护躲过搜捕后，离开广州到了武汉，参加中共五大，被选为中共中央监察委员。以后，他参加了中共中央八七会议。后又按党的指示先后到上海、香港、新加坡等地开展地下工作。

1929年杨匏安回到上海，在中共中央机关中参与党报编辑出版工作。后因印刷机关暴露而被捕，由于周恩来等中央领导人大力营救，被关8个月后获释。次年，他任中共中央农民运动委员会农民部副部长。1931年7月，他与16人同时被捕，在狱中他坚贞不屈，对蒋介石的几次劝降都严词拒绝，被蒋下令就地秘密枪决，年仅35岁。

新中国成立后，杨匏安的主要著作被编成《杨匏安文集》出版。如今杨家祠重光，杨匏安烈士的精神永垂不朽！

惠吉西街忆陈大年

> 律师楼在惠吉西，办报登文胆气奇。
> 凸显爱憎存大节，分明进退见雄姿。
> 护民彰法人堪羡，为国藏珍世所稀。
> 拍手无尘归去也，永留清誉入丰碑。

此诗是咏惠吉西街名律师陈大年的。越秀区中山六路北侧、六榕路之西，有惠吉东路、惠吉西路。民国时称为惠吉东街、惠吉西街。此处一带在清代时是右都统署，20世纪30年代初，华侨置业公司在此兴建楼房，形成东、西两条新街，因原属惠爱街故取"惠"字，"吉"则取吉祥之意，分别命名惠吉东街、惠吉西街。

陈大年（1880—1969），字萝生，原籍广东南海，世居广州，年轻时居于书同巷。他出身于书香世家，青年在学时结交了进步青年汪精卫、胡汉民、陈树人、潘达微等。汪精卫当时是激进的爱国者，与陈大年成为换帖兄弟，因此后来汪精卫当汉奸时引起陈大年切责之事，此是后话。

光绪二十九年（1903），陈大年在报上发表激烈言论文章，被官府通缉，幸有朋友通风报信，他连夜逃到澳门，后得胡汉民介绍，到日本入读法政大学法律专门班，开阔了视野。光绪三十一年（1905）冬，陈大年回到广州，在进步人士创办的南武学堂（后为南武中学）任教，与高剑父、潘达微是同事。不久后他出资在秉政街创办宏育两等学堂。次年6月，他应创办《七十二行商报》的黄诏平之邀，担任该报主笔（总编辑）。此报乃商界进步人士出资创办，陈大年在报上常发表抨击社会黑暗的文章。他与胡汉民、汪精卫、陈树人、高剑父、潘达微等同盟会会员是挚友，思想上也支持同盟会，但没有参加同盟会的革命活动。

中华民国成立后，陈大年的好友胡汉民任广东都督。临时大总统孙中山让位给袁世凯后，袁独断专横、妄图称帝，孙中山发动"二次革命"。陈大年在《七十二行商报》上也连续发表反袁文章。1913年讨袁"二次革命"失败。亲袁世凯的龙济光任广东都督，胡汉民随孙中山避居日本。陈大年被龙济光通缉，先避居澳门，后再赴日本，在华侨学校教国文。当时陈树人也在华侨学校教美术，两人的情谊加深。

1916年6月，陈大年回到广州。次年孙中山在广州建立革命政权，汪精卫、胡汉民、陈树人等均为高官，但陈大年

惠吉西街大公报旧址

却当起执业律师。

1918年，也曾留学日本、思想进步的容伯挺创办《广东中华新报》，力邀文学功底深厚、又生性正直的陈大年兼任总编辑（时称主笔），陈慨然答应。他在负责审稿之余，以"惺公"为笔名，发表不少抨击时弊的短文。他声称"业报纸者，知自己有指导社会之责"，"办报，言人所不敢言"。陈大年还介绍在日本结识的进步青年杨匏安任该报记者，力赞杨才华横溢，令社长容伯挺也另眼相看。次年五四运动爆发后，杨匏安撰文介绍国外各种社会学说，陈大年拍板在该报发表，令读者耳目一新。杨匏安后来加入共产党，陈大年与他仍保持深厚的友谊。1927年4月15日，广州国民党当局进行"清党"，搜捕共产党员时，陈大年曾将杨匏安隐藏在家中的书房，除令妻子送饭外，对家中其他人都严格保密。1931年杨匏安在上海慷慨就义后，其家属逃离上海，与党失去联系，回到广州，生活无着。此时，在惠吉西街开办律师事务所的陈大年知道后，时常关怀资助。并向广州孤儿院捐款建钟亭，再出面担保杨匏安的儿子改名入院栖身。后来，周恩来才派人把杨匏安之子杨明、杨志接到武汉转赴延安。

1937年抗日战争全面爆发，陈大年热血沸腾，写有"览镜还思舞大刀，此身宁忿老蓬蒿"等爱国抒情诗句。1938年10月广州被日军侵占后，陈大年的大女儿、二儿子随进步组织到澳门，夫妻两人带着3个女儿避居清远。只有12岁的三女儿陈海仪，在当地参加广东青年抗日先锋队，到处宣传爱国抗战，陈大年义无反顾地支持。1939年1月15日，陈大年才在旧报纸上看到汪精卫于1938年12月叛逃到越南河内，提出向日本军队投降，不禁又恨又急。次日，即致电换帖兄弟汪精卫正言警告："你如再多发一言、多进一步，便已涉入汉奸境界，人禽之辨微乎其微，公其善图之！"是年3月，香港

《华侨日报》登载了陈大年此电文。不久后，陈大年获悉汪精卫到南京准备成立伪政府，又发电报欲制止汪精卫此举，电文中要汪"乞下大决心停止进行，候国民公判"。汪精卫成立伪政府后，陈大年向朋辈声明与汪割席绝交。随后他赴香港为《华侨日报》撰写"短兵"专栏，发表一系列抨击日伪的文章。

1941年冬，香港被日军侵占后，陈大年因病来不及避居内地，生活陷于困境。次年4月中旬，日伪派人上门游说陈大年出来"做事"，答应给以丰厚酬劳。陈大年断然拒绝，并立即搬家以避，亲友均不知他搬到何处，外界因此传说他已死。消息传到内地，陈树人等朋友还在报上发表悼亡诗。直到抗战胜利后，陈树人与陈大年劫后重逢，不禁相对大笑。

抗战胜利后，陈大年回到广州惠吉西街6号重开律师事务所。1946年初，他义务担任中共报纸《华商报》《正报》的法律顾问，并登报声明。随后，又为中山大学进步学生组织"人权保障委员会"义务担任法律顾问。同时，还为《自由世界》《中国诗坛》《新生代》等7个进步报刊担任法律顾问。当时，人们称他为"民主律师"。有亲友为他担心时，他说："我行得正企得正，年近古稀还怕什么？"

陈大年自任律师后已酷爱收藏古玉，人称"古玉大王"。1933年、1936年，他先后两次在广州举办个人藏玉展览。有外国人上门求他高价出让古玉，但他却不屑一顾。他对朋友说："我为国家收藏珍宝，只买不卖，更绝不卖给外国人。"

新中国成立后，他目睹国家安定，决定把毕生珍藏的古玉及其他文物无偿捐献给国家。从1959年5月开始，他先后把千多件古玉及文物献给文化部、广东民间工艺馆。1969年6月9日，陈大年逝世，留下遗言把余下的藏品悉数捐献给国家。1974年、1987年，其遗属先后把家中所余的石器、陶器、

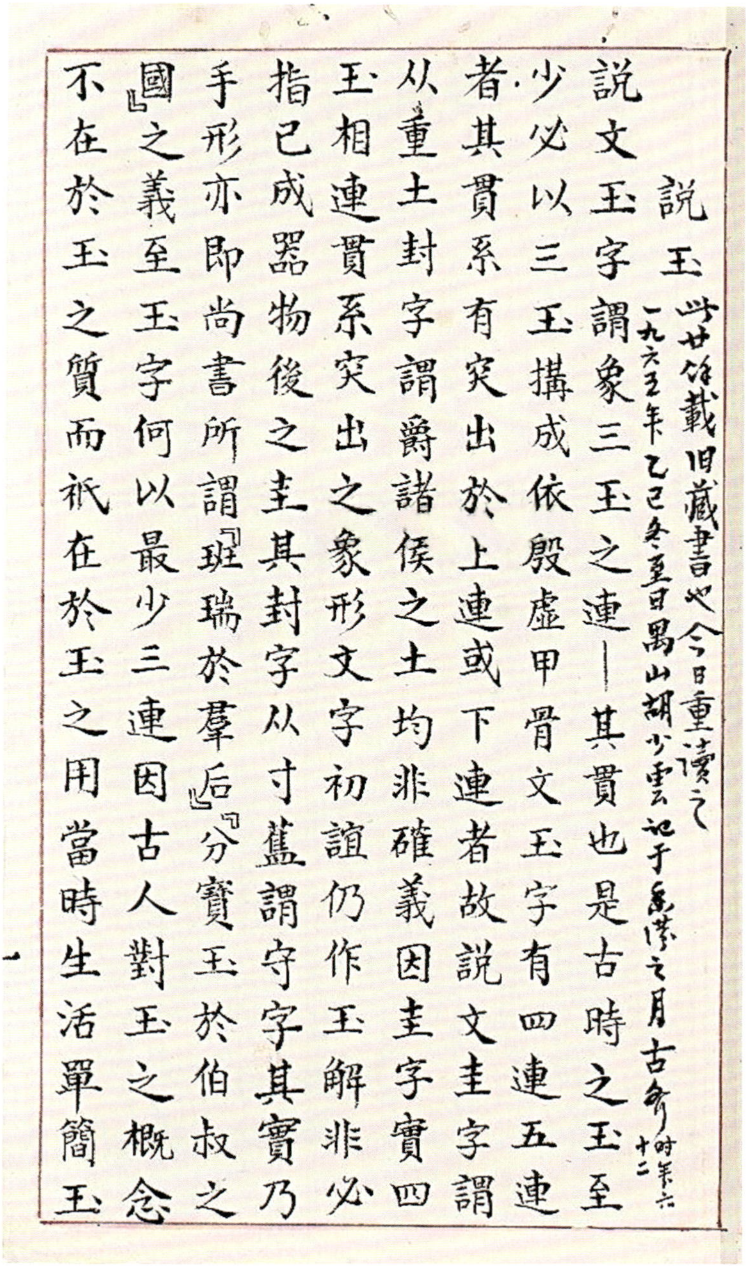

說　玉　⺌廿缶戴旧藏書也　今日重讀之
一九六三年乙巳冬至日禺山胡少雲記于武漢之月古齋何時第六十二

說文玉字謂象三玉之連—其貫也是古時之玉至

少必以三玉攝成依殷虛甲骨文玉字有四連五連

者其貫系有突出於上連或下連者故說文玉字謂四

從重土封字謂爵諸侯之土均非確義因說文玉字謂

玉相連貫系突出之象形文字初誼仍作王解非必

指已成器物後之主其封字從寸蓋謂守字其實乃

手形亦即尚書所謂『班瑞於羣后』『分寶玉於伯叔之

國』之義至玉字何以最少三連因古人對玉之概念

不在於玉之質而祇在於玉之用當時生活單簡玉

一

陈大年撰《中国古玉之研究》书影

铜器等文物全部捐献给广州市博物馆。总计其捐献藏品，共达两千多件。

陈大年于1951年担任广州市文物管理委员会委员兼古物组组长。1953年9月，广州市文史研究馆成立，陈大年任首任馆长兼市政府参事室副主任，他还是广州市人民委员会委员、政协常委。

梅花村犹记陈济棠

百尺云楼日影悠，目空四海五湖舟。

早年建设今何在？但见珠江滚滚流。

这是陈济棠写的《登爱群楼》诗。今仍耸立于广州珠江北岸的爱群大厦，始建于陈济棠主粤时的 1934 年 10 月，竣工时陈济棠已经下台，故后来他登上"爱群"便忆故思今倍添惆怅而写下这首诗。陈济棠思念的当然不止此楼，起码他还怀念着梅花村的旧居，怀念着 20 世纪 20 年代末 30 年代初建设的广州市模范住宅区。

在广州的经济建设史上，陈济棠是位值得纪念的人物。陈济棠（1890—1954），字伯南，广东防城（今属广西）人。他是以军事实力而统治广东的军官。先后担任讨逆军第八路军总指挥、第一集团军总司令，广州国民政府委员、军事委员会常委，国民党中央执监委员会西南执行部和国民政府西南政务委员会（简称西南两机关，掌握广东实权）的常务委员等职。这些职务使得后人记述陈济棠事迹时常感困惑。有些人想当然地错记他为"省长"，其实他是没有挂"省长"官衔却有省长权力的军官，懂内情的史家便巧妙地说他"主粤"。陈济棠 1928 年进驻广州时是第四军军长，并兼西区（辖广、肇、罗三属）绥靖委员，与中央政府会议广州分会主席李济深、广东省主席陈铭枢的权力互相牵制。后来蒋介石在南京软禁李济深，陈济棠在国民党元老古应芬的帮助下把陈铭枢排挤出广东，到 1931 年春独揽广东军政大权。1932 年 3 月，

陈济棠公馆内部

陈济棠任广州绥靖公署主任时，掌握15万大军，人称"南天王"。至1936年7月因发动反对蒋介石的"两广事变"失败而自行引退避居香港为止，实际掌握广东军政大权只有五年多。但是，就是这五年多之中，他充分发挥广东优越的自然地理条件、华侨众多的优势，重视教育与发挥知识分子作用，积极引进外资，引进外国先进技术、设备，制定保护与发展广东工商业的法规政策，使广东经济建设取得不少成就。因此，邓小平曾赞他"治粤八年卓有建树"。此期间广州面貌也大变，陈济棠在工业、商业、服务业、文化教育事业及交通建设上均有不少建树，在市政建设方面也有不少成绩，建设梅花村等"模范住宅区"也是一例。

1928年，广州市政府就组织建设"模范住宅区"筹备委员会，负责住宅区的全面规划、设计和建筑等工作，到陈济棠正式主粤时才建成梅花村等一批近现代住宅群。这些住宅有着浓厚的西方乡村别墅建筑形式和风格，多为二三层楼房，有西班牙式、英国乡间式等。梅花村的确曾种有一批梅树，冬天也曾一度绽开梅花，倍增幽雅，可惜后来因不合水土而凋残，只好另种上其他树种。村中的陈济棠公馆是 1930 年建成的园林式建筑，由工务局技师、著名建筑专家罗明燏设计。公馆原院门向东，门内建六角亭，主楼在院子中部，东西侧各有附楼，有楼梯与主楼后座相连。院南面原建有水池和假山，当代已建了办公楼。1993 年 8 月，广州市政府公布陈济棠公馆为广州市文物保护单位。

民国时，梅花村、农林路一带高尚住宅区居住着不少国民政府军政要员，故民间流传"有钱有势住东山"的俗谚。

广州梅花村陈济棠公馆

朱紫街缅怀高剑父

樗园春睡及天风，三杰岭南声誉隆。

桃李满门成画派，当年艺苑有奇功。

这首是《越秀区寻岭南画派遗迹》的诗。越秀区辖内许多地方与岭南画派的形成与发展有不解之缘，如：樗园（署前路 10 号，今陈树人纪念馆）和栎园（今署前横 1 号），曾为陈树人居所，他"但开风气不为师"，没有收正式弟子，但在此地作诗书画不少，与诗书画界切磋交流甚多；二沙岛的天风楼，曾为高奇峰住所及培育弟子之地，赵少昂、黄少强、叶少秉等"天风七子"为岭南画派第二代名画家；盘福路朱紫街的春睡画院，则是高剑父培养了大批弟子的地方。"岭南三杰"高剑父、陈树人、高奇峰建立的"折衷派""新国画派"，后人称为岭南画派，至今仍为人津津乐道。本文只谈创办春睡画院的高剑父的主要经历。

朱紫街在清代时叫"猪屎巷"。此因昔日农村积肥最重视猪粪（屎），旧俗神诞活动以拍卖猪屎肥为筹集经费的手段之一。制猪屎肥首先要将猪屎集中晒干，而这一带曾是晒猪屎之地，故称为"猪屎巷"。中华民国成立后，这里早已不晒猪屎，故在 1923 年整顿街巷名时，改称为朱紫里。此名以谐音来修改，从大俗变为大雅，妙极。

朱紫巷春睡画院所在地原是白云山能仁寺的寺产，晚清时是浙江旅穗人士的义庄（停放灵柩的地方）。1930 年，高剑父购得此地，重新修建成春睡画院。取名"春睡"，有人说是

1946年，高剑父在春睡画院留影

　　源自《三国演义》中诸葛亮所吟的诗句"草堂春睡足"，也有
人说源自苏东坡诗句"报道画堂春睡美"。也许，这反映了高
剑父告别政界、从此隐居寄情于绘画艺术的决心吧？

　　高剑父（1879—1951），名崙，字爵廷。广东番禺人。14
岁时为名画家居廉入室弟子。光绪三十二年（1906）留学日本学绘画。不久后加入同盟会，成为孙中山开展民主革命的得力助手之一。他回国后积极从事推翻清朝的地下革命活动，参加了辛亥"三二九"广州起义，其后为刺杀清朝官僚的"支那暗杀团"负责人，策划炸死清朝广州将军凤山。辛亥武昌起义后，他任东路新军总司令，与友军会师广州。中华民国成立后，他不愿当官。"二次革命"时，亦随孙中山赴日本，加入中华革命党，从事反袁活动。高剑父支持孙中山改组国民党，曾任广东省立工业专门学校校长、工艺局局长。从事革命活动时，高剑父认识刺绣高手宋铭黄，后与她结为夫妻。宋铭黄曾是民国初北伐军女子敢死队队长，后来潜心弘扬刺绣艺术，高剑父对其作品的构图亦有建树。高任工艺局局长前后，对广绣、广彩等民间工艺的发展均有贡献。

自留学日本归国后，高剑父与陈树人、高奇峰已决心改革中国画。光绪三十四年（1908），他们在广州首次举办画展，展出带"折衷"倾向的"新国画"。中华民国成立后，高剑父发表《我的现代国画观》等文章，提出以反映现实、表现时代、指导人生为国画创作宗旨，艺术上主张折衷中西、融汇古今。1914年，他与高奇峰在上海创办《真相画报》，阐述艺术理论，提倡新国画。1921年，他在广州主办了全省第一次美术展览会，其中展出的新派国画遭到古典派画家的责难，于是激起高剑父办画院的决心。1923年，高剑父在文明路租屋开办春睡画院（初称春瑞草堂），推广新国画主张。后来入读者众，遂有1930年迁至朱紫街续办春睡画院之举。

朱紫街春睡画院原占地1800平方米，前座为硬山顶建筑，面宽三间进深两间，中间为门厅，东西偏间为校务室和教导室。大厅为高剑父绘画授徒之所，前座东侧二层阁楼为卧室，屋后有约半亩的花园。春睡画院培养了关山月、黎雄才、方人定、司徒奇等一批艺术大师及大批美术人才，令岭南画派

乾坤再造

于右任

萬舸光樓
越嶺名莫窂
菁細洪雅跡
幽
丙寅秋九
劍父

高剑父画作《镇海楼》

得以壮大发展。

1937年抗日战争全面爆发，春睡画院停办。抗战胜利后复办，1946年改名南中美术学院，次年更名为市立艺术专科学校。1949年停办。

高剑父晚年居于澳门，于1951年5月22日病逝。1988年、1989年，高剑父夫人翁芝和女儿高励华、儿子高励节分别从美国、香港回穗，先后将珍藏的高剑父书画作品及著作共314件2045页，以及春睡画院旧址，献给广州市人民政府，市政府向他们颁发了感谢状。

1994年，盘福大厦在春睡画院旧址上建成。首层700多平方米成为高剑父纪念馆。

简园印杰简琴石

　　焚琴煮鹤，走石飞沙。

　　这是民国初年名士梁寒操赠给书画篆刻家简琴石的嵌名对联，本是据其名联想贬义成语而开玩笑的揶揄句，但简琴石见联却不怒反笑，说是描绘了当时官场钩心斗角现象，赞之"妙极"！此时，简琴石居于今越秀区培正路13号的简园。

　　全国重点文物保护单位简园是一幢欧美建筑风格的别墅式楼房。楼高三层，布局对称，钢筋混凝土结构，占地面积约192平方米。一楼中部有仿希腊柱式拱券的门楼，门楼上端有飘出的阳台，外墙涂刷米黄色粒状灰沙，出檐处施几何纹饰，大门侧有"简园"二字。

　　别看此楼建筑是西方风格，主人却是酷爱中华传统诗书画印艺术的简琴石。简琴石是民国著名企业南洋兄弟烟草公司的股东之一，该公司的最高负责人简照南还是他的族侄，不过年纪却比他大，人称"老侄嫩叔"。

　　简琴石本名简经纶（1888—1950），琴石、琴斋均是其别字，别号千石琴主。简琴石早年在泰国开古玩玉器铺"淘玉斋"，与在当地跟随孙中山搞民主革命的陈景华结成好友，简亦成了革命同志。辛亥革命推翻清朝，广东光复之初，陈景华任广东政府民政局局长及警察局局长时，简亦任政府参事。当时，国人自办的南洋兄弟烟草公司与英美烟草公司竞争，各出手段攻击对方公司出品的香烟，当时陈景华以铁腕整顿广州治安，简琴石建议陈景华枪毙死刑犯前让他们吸英美公

简园

司出品的"大刀牌"香烟，陈果然照办。于是形成"抽'大刀牌'等死"的坊间笑话，成功打击了英美公司，留下一段商业竞争的趣话。1913年，袁世凯的亲信龙济光进占广州，为打击革命派，龙济光诱杀了陈景华。简琴石从此深恶官场腐败黑暗，遂有赞赏梁寒操的揶揄嵌名联之事。此后他远离政界，离开广州，游历南洋和欧美，回国后也多在上海居住，致力于书画篆刻艺术，曾任上海精武体育会董事。但简琴石仍与广州名流时有交往。20世纪20年代，梁培基集资在二沙岛办珠江颐养园，他是出资者之一，也曾任广州商民协会主席。

简琴石写书法喜欢用麻笔，取枯老古拙之趣。他的隶书雄迈古朴，令人回味无穷，康有为也曾赞为"苍深朴茂，如入汉人之室"。他以书法入画，清新疏淡，特具文人画气格。他在篆刻方面有更大成就，从最古老的甲骨文中入手，跳出前人藩篱，在艺术上迭出新意。他所治的印俏动多姿、清爽超

204

逸、天然率真，深得艺术界同行的赞赏，堪称"印杰"，可惜当代已少有人研究其艺术风格。

简琴石于抗日战争胜利后移居香港，从事书法、篆刻教育，1950年病逝于香港。他的存世作品有《甲骨集古诗联》《琴斋书画印合集》《琴斋印留》和《千古楼印识》。其中《千古楼印识》是在石板上以刀代笔，临摹各类书法体裁，把书法、刻石艺术熔于一炉，这是前人所未有的艺术实践。

简琴石的简园曾是德国领事馆，后来成为国民政府主席谭延闿的公馆。1923年6月，中国共产党第三次全国代表大会在广州召开期间，谭延闿居住于简园，中共三大代表毛泽东曾到此拜访谭，争取他支持国共合作。谭延闿离开后，此园亦是政界人士的居所。1949年10月广州解放后，华南文工团曾以简园为团部。

简琴石所制印章

二沙岛颐养园与梁培基

> 争权始建光华社，
> 爱国催生颐养园。

　　笔者此联所咏的光华医社、颐养园，均涉及清末民初广州医药界的两件大事。光华医社旧址在今泰康路，虽此处办起了光华医院，但现已无任何光华医社的遗迹，而颐养园旧址就在今二沙岛的西边地段，园中部分建筑如今尚有迹可寻。光华医社、颐养园均与当时医药界名人梁培基关系甚大。

　　梁培基（1875—1947），原名梁缄，字慎余。他原籍广东顺德，但其父梁奕乾早已在广州河南（今海珠区）开设木船修造作坊，而且经营得颇为顺利。梁培基出生在那里，但对修船造船不感兴趣。本来其父想他承继家业，但他却要另谋职业。当他从父亲的朋友口中知道外国教会在广州开办的博济医院举办南华医学堂时，便想前往就读。可是其母何氏却信"洋人会勾魂摄魄"的谣言，不肯答应。幸而其父同意儿子去读医，其母才不再反对，但要他改名"培基"，寓意培本固基，不怕洋鬼子。于是，南华医学堂便多了个叫"梁培基"的学生，此时是清光绪二十年（1894）。三年后他毕业留校任助理教师，随后又兼任刚开办的广东夏葛女子医科学校药物学教师，同时自设诊所行医。

　　数年后，一次华南流行疟疾，梁培基以新发现的疟疾特效西药，与一些中药配合，制成"发冷丸"（广州人称疟疾为"发冷病"），临床应用疗效显著。梁遂以自己的肖像做商

梁培基像

标，公开发售，从此"梁培基发冷丸"畅销华南各省。此后，梁培基创办药厂，把主要精力用于制药业务，他也成了著名药商。

光绪三十三年（1907），在来往广州与香港间的外籍客轮上，发生一起中国人被踢死案。踢人者是印度籍警察，中国医生检验尸体后认定是因伤致死，但外国医生却诡称死于心脏病发，还说中国医生不懂医道，加上外国人在中国享有治外法权，凶手竟然逍遥法外，显得官府腐败无能。此事激起医界人士的义愤，为了争国权、争医权、争医学教育权，梁培基及郑豪、陈子光、伍汉持、左吉帆等医界中人，发起组织光华医社，由梁培基任社长兼董事长。他积极筹措资金办校办医院，在太平沙西北面（今泰康路）办起光华医院，并办起光华医学堂（后来先后改名广东光华医科大学、光华医学院）。这是国内最早由中国人自办自教的西医学院和西医院。宣统元年（1909），梁培基还出资与潘达微等创办《医药卫生报》，宣传卫生知识、交流医学经验，该报成为当时国内罕有的医药卫生报刊。光华医院于新中国成立后改为广东省口腔医院，后来才改作他用。

中华民国成立后，梁培基联合当时的名流简玉阶、简琴石、陈大年、邹殿邦、魏邦平、高奇峰等，在二沙岛办起集治病与疗养于一体的珠江颐养园。令梁培基起意办此园有个故事。约在1917年，梁培基到日本治病，住在"旅馆医院"。这种医院设备齐全，病人可延请院外医生到院诊治，院外医生也可介绍病人入院，自己也跟进诊治。后来，梁培基到香港治病，到类似日本"旅馆医院"的太平山顶医院留医，却受到英国人诸多刁难。于是，他决心在广州办一家类似的医院。结果，在20世纪20年代初，梁培基集资40万银元（他本人出了一半有多）在二沙岛办起"珠江颐养园留医院"。此园环境幽雅、设备齐全，蒋介石父子、陈济棠、李宗仁、白崇禧、余汉谋等当时的政要均曾居此。

颐养园由园林、别墅和医院三部分组成。抗日战争胜利后，此园成为肺病疗养院，并开办护士学校。新中国成立后，政府接管该园，改为银行培训班，后又改为银行疗养院。1956年改为广东省体委体工队，后改为广东省体育运动技术学院。如今犹存颐养园的旧迹：正门门楼、石山花园的六边形石台（"识时"纪念座）、静廼寿楼（渔庐）、天风楼等。

梁培基还于1934年参与了从化温泉的开发。他与西南民用航空公司经理刘沛泉、名律师陈大年亲赴从化考察，发现了温泉之后大力宣传，三人于是被称为"温泉三大怪"。终于在当时从化县县长李务滋的支持、合作下，成立"从化温泉建设促进会"，动员了一些政要、名流在从化温泉周围建别墅，办起珠江颐养园留医院分院，使从化温泉成了疗养胜地。

梁培基交游广阔，不但结交国民党政要，与共产党人亦

20世纪30年代的珠江颐养园

有交情，还热情支持人民革命事业。1925年省港大罢工爆发，他以商界代表身份参加共产党领导和组织的"农工商学联合会"，并负责宣传工作，动员各界人士支持罢工斗争。1937年，他把仅存的药厂和颐养园交给儿子接管，此后隐居颐养天年。抗日战争期间，他全力支持儿子到延安参加抗日。他的子女中参加抗战的有十多人，加入共产党的有8人。1938年广州被日军侵占后梁培基避居香港。1941年冬太平洋战争爆发，他返回广州。1947年梁培基因病在顺德去世。

嘉南堂记杨锡宗

楼美园佳，技士心思多获誉；
时移世易，名师经历竟成谜。

　　这是笔者描绘民国名建筑广州嘉南堂设计者杨锡宗的对联，老广州想起他来，唯有望空奠酒、唱一曲"谜样人生"。

　　20世纪20年代初建成的嘉南堂，位于太平路（今人民南路）。单说嘉南堂之名当代人已少有知道，但说新亚酒店、新华酒店便很多人都熟悉。原来嘉南堂包括南楼（今新华酒店）、西楼（今新如意楼）、南华第一楼（今新亚酒店）三座建筑，都是有骑楼的大型西式建筑，乃美国华侨集资所建。其设计者就是留学美国归来的杨锡宗。原建筑均为高七层，宽约30米的大楼，首层设计为柱廊式、券廊式骑楼，乃广州典型的

杨锡宗像

骑楼建筑。

　　杨锡宗在广州设计了多座名建筑，但他的身世却少有人知道。21世纪初，在广州市文物考古所工作的有心人黄佩贤，经国外朋友帮助，费了近十年的光阴，千方百计才找到杨锡宗的大半生资料，写下《杨锡宗传》，又为《广州市志·人物志》写下杨锡宗小传，但其60岁后的经历仍然空白。

　　杨锡宗（1888—？），字礼绍，广东香山（今中山）翠亨村人，出生于香港富裕之家。1904年，他入读广州岭南学堂。1912年入读北京清华学校，但一年后便到美国入读康奈尔大学建筑系，1918年获学士学位。毕业后他回到广州，被广州市政公所聘为技士（相当于工程师），参与广州城建。他在广州设计的第一个建筑项目是"第一公园"（后称中央公园，今人民公园）。此公园呈方形对称形式，以西方园林风格为主，南门入口是巴洛克建筑风格，北门则是中国传统冲天式牌坊式样。

　　1919年，陈炯明在福建漳州市策划城市建设，礼聘杨锡

广州新华酒店，20世纪20年代中期由华侨资本嘉南堂投资、岭南著名建筑师杨锡宗设计

宗为总工程师、石码镇工务局局长。他主持制订了漳州市政建设建筑规划，可惜后来陈炯明率军回广州，漳州城建规划不了了之。之后杨锡宗也回广州开设建筑事务所，专心从事建筑设计。1921年广州正式建市，杨锡宗被广州市工务局聘为技士，又被广东省教育建筑委员会聘为委员。1922年初，任广州工务局代理局长，数月后因政局变化，他辞去职务，后开设"杨锡宗建筑师事务所"。杨锡宗参加过南京中山陵设计竞赛、广州中山纪念堂建筑设计竞赛，分别获三等奖和二等奖。他设计并建成的建筑除了上述的嘉南堂外，还有南华银行、商务印书馆广州分馆（今北京路科技书店大楼）、省港火船铁码头、越秀山上的仲元图书馆（今为广州博物馆美术馆展区）、培正中学美洲华侨纪念堂（今仍存）等。1930年他被聘为黄花岗七十二烈士墓的修建委员会委员，参与该墓园的建筑设计。1931年规划中山大学石牌校舍的第一期工程，他设计牌坊、农学馆、蚕学馆、工学院土木工程教室等。1932年，他设计十九路军淞沪抗日阵亡将士坟园，并兼建筑监造一职。该坟园利用地势合理布局，仿古罗马建筑风格，规模宏大、气势磅礴，由凯旋门、将士题名碑、纪功柱、环形柱廊、先烈纪念堂和诸烈士墓等组成，被誉为"中国近代优秀建筑"。

以后，杨锡宗设计了广东省银行汕头支行、江门支行和海口支行等建筑。抗日战争期间，他在广州、香港两地经营建筑业务。抗战胜利后，1946年他任汕头市政建设顾问，参与该市城建工作。同年10月，广州市政府成立都市计划委员会，杨锡宗先后被聘为委员、专门委员。1950年后他移居香港，此后去向不明。

名师已杳，但其花了不少心思设计成的建筑仍在，从中可见到其建筑设计中西合璧的理念。

孝友东街记张发奎

勇誉铁军，武昌祝捷英雄气；

力赢日寇，穗市受降司令威。

　　这是笔者咏民国将领张发奎一生两件辉煌事迹的对联。张发奎故居，在广州朝天路孝友东街2号。孝友东街得名是因西面曾有明代所立的孝友牌坊。牌坊早已无踪，张发奎故居则尚在。故居乃三层的砖、混凝土结构房子，今基本保持原貌，此房原是张发奎的自置物业。"张发奎故居" 现为广州市文物保护单位。

　　张发奎（1896—1980），字向华，广东始兴人。少年时到广州增埗工艺局当学徒。1912年，16岁的张发奎考入广东陆军小学堂，经教官邓铿（仲元）介绍加入同盟会。1916年孙中山发动护法战争时，他参加朱执信领导的中华革命军广东军，参与讨袁（世凯）驱龙（济光）运动。1918年在援闽粤军中任副官等职，1920年随军回广州。次年底，任孙中山总统府警卫团第三营营长。1922年4月，孙中山设大本营于韶关，张随部驻韶关。6月，陈炯明部叛变，孙中山下令已进入江西的北伐军回师平叛。北伐军抵粤北时，张发奎参加平叛，在翁源一带与叛军激战十余天，北伐军战败退入福建，张发奎部因与北伐军失去联络，留在粤北陷于困境，叛军中曾当张发奎老师的翁式亮函诱张投降，张拒绝后率部退入始兴县仙人洞地区进行游击战。之后，张发奎率部在西江与滇桂军合力向陈炯明部进攻，夺占肇庆、三水，并于1923年1月攻下广州。4月，桂系

1938年3月摄于汉口的"五虎将"：（左起）黄琪翔、陈铭枢、郭沫若、张发奎、叶挺

军阀沈鸿英反叛孙中山，张发奎率部参加平叛，先在清远、英德击溃沈军主力，继而在肇庆全歼守敌，以战功升独立团团长。以后，张发奎率部先后参加东征、南征，屡立战功，1926年升任师长。是年7月，广州国民政府誓师北伐，张发奎率部北上，并屡战屡捷，他先是攻下天险汀泗桥，继而与友军并肩血战一昼夜，攻下吴佩孚亲自督战的贺胜桥，终于攻克武汉。之后张发奎晋升为第四军军长。1927年1月，武汉各界群众在武昌体育场隆重举行庆祝北伐军胜利大会，粤侨联欢社敬赠第四军铁盾一个，正面铸有"铁军"二字，张发奎被誉为"铁军英雄"。此后，张率部入河南，又大败奉军，随后任第二方面军总指挥。

1927年7月，武汉国民政府叛变革命，实行"清共"。因

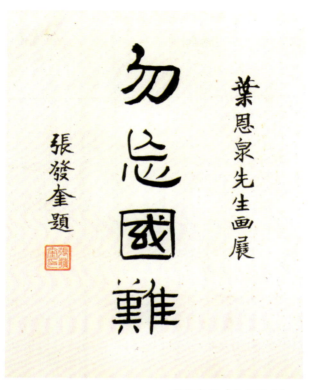

张发奎题《勿忘国难》

张发奎部下有不少共产党员，故其并不热心反共。但是，他得悉共产党准备起义，只好遣散军中的共产党人。11月17日，张发奎和黄琪翔在汪精卫授意下，发动政变，取代李济深，夺取了广东政权，随后集结部队攻打广西。但共产党领导的广州起义于12月11日爆发，建立苏维埃政府。张发奎部与黄琪翔部联合据珠江南岸的李福林部，合力把广州起义镇压下去。但因被国民党右派群起攻击，张于12月18日被迫通电辞职，随后到了日本。1929年4月张发奎回国，举兵策应反对蒋介石，兵败后避居香港。

　　九一八事变后，张发奎随汪精卫北上，在国民党第四次全国代表大会上被选为中央监察委员。1936年1月，任闽、浙、赣、皖四省边区总指挥。次年7月，任第八集团军总司令，指挥浦东及杭州湾战役，力抗日本侵略军。1938年6月，在著名的抗日"武汉会战"中任第二兵团总司令。12月，汪精卫投敌，与汪私交甚深的张发奎即通电声讨。随后，他任第四战区司令长官，统辖两广地区军队力抗日军。1939年11月，张指挥十二集团军正面截击进犯粤北的日本侵略军，几经激战，终于击退日军，取得粤北战役的胜利。

1945年8月15日，日军宣布无条件投降，时任第二方面军司令长官的张发奎受命任广州地区受降主官。他于9月15日飞抵广州，16日晨在中山纪念堂主持受降仪式，接受日军司令官田中久一签署的降书。随后，处决了日军战犯田中久一。

1946年1月，张发奎任军事委员会委员长兼广州行营主任。5月改任国民政府主席广州行辕主任，兼广东绥靖公署主任。1947年9月失去兵权，只任闲职。1949年2月，又任陆军总司令，后见国民党当局大势已去，辞职到香港隐居。1950年，张曾与顾孟余等组织"民主战斗同盟"，后又任香港崇正总会会长。1980年3月10日病逝。

民俗故事

红胜街忆"洪圣庙"

无法服东濠，惟求洪圣！
有心治山水，谁记功臣？

在黄华路西侧有一条内街叫红胜街。其实此街原名洪圣街，得名源于有洪圣庙。而这洪圣庙，却记载着一段广州城治山水的故事。

从前广州地区有很多洪圣庙，也叫洪圣王庙。这洪圣王据说就是广州黄埔区南海神庙供奉的南海神。

南海神的来源有多个传说，这里只说其被封为洪圣王的来历。隋朝开皇十四年（594），隋文帝祭祀四海，封祝融为"南海神"，从此火神祝融也成了水神。广州东郊黄木湾畔建起南海神庙。唐朝天宝十年（751），唐玄宗封南海神为"广利王"，扩建庙堂，从此这里成为南海神的主庙，也就是当代俗称为"波罗庙"、位于黄埔区的南海神庙。南汉大宝元年（958），后主封广利王为"昭明帝"。北宋康定二年（1041），宋仁宗加封南海神为"洪圣王"。过了12年，仁宗再加封为"南海广利洪圣昭顺王"。南宋绍兴七年（1137），宋高宗加封为"南海广利洪圣昭顺威显王"。到了明代天启元年（1621），明熹宗再封南海神为"南海广利洪圣王"……由于历代帝皇不断加封，人们对自然界的水灾也十分畏惧，于是珠江三角洲水乡建有不少洪圣庙（或称南海神祠、洪圣殿等），以祈求免除水患。洪圣街建洪圣庙，也为的是祈求流经庙西的东濠涌免除水患。

李伟文绘

　　东濠涌是承接白云山、越秀山、黄花岗等十六条山水的水道。由于上游的水道不够合理，所以在白云山等山洪暴发之时，便会因山水不能及时排出而水浸沿岸。道光十三年（1833）夏天，广州连降几天大雨，山洪溢出东濠，疯狂灌入城中，小北至芳草街一带顿成泽国，连洪圣庙也被冲毁。这令当时的政府下决心整治东濠涌。此时，一位地理学家就整治东濠涌提出了建议。他就是后来发现广州七星岗古海岸遗址的中山大学教授吴尚时。吴尚时是广东开平人，20世纪20年代后期留学法国，30年代初回广州后，对华南地理作深入研究，成为中国近代地理学在华南的开山大师。他在发现七星岗古海岸遗址之前，对治理广州山洪已有研究，曾发表多篇有关治理白云山水的论文。他与21岁的得意门生罗开富合撰了《论整理广州东濠计划》，上呈给负责东濠涌治理工程的工务局局长文树声。

当时是陈济棠主粤时期，广州市市长是刘纪文。工务局局长文树声是曾留学美国并获硕士学位的实干派官员，他参考了吴尚时等地理学家对治理山水的意见，制订了工程计划。今人所见的《整理东濠下游碑记》石碑所缺的字，幸而在中山图书馆尚存于1936年成书的《整理东濠涌下游报告书》有全文录下石碑碑文，让人得以见到被铲的字分别是"秉承市长刘公纪文意旨"及"广州市工务局局长文树声撰并书"。当时的决策者市长刘纪文和具体负责工程的工务局局长文树声，以及曾对整治东濠涌计划提出意见的吴尚时、罗开富等地理学家，都应该让后人铭记。

是是非非地，
明明白白天。

这是广州城隍庙大殿门联，在明清时期震慑着每年到此拜城隍的大小官员，告诫他们不要贪污及为非作歹。如今文德路北端的中山四路忠佑大街之名，便来源于这城隍神。原来，城隍神俗称"忠佑神"（据古代传说，城隍是守护城池的神）。

古籍中记载广州的城隍神最早见于唐人传奇《崔炜》，文中说及南海书生崔炜于唐贞元年间（785—805）进入南越王赵佗之墓，见到"羊城使者"，归家后到城隍庙，见城隍塑像相貌与"羊城使者"相同，于是备酒肴祭祀，并发起扩建城隍庙。唐以后的五代南汉时，城隍庙在皇城之东。宋灭南汉后，火烧皇城，但城隍庙幸存。明代洪武二年（1369）正月，明太祖朱元璋郑重御封天下城隍，声言"朕立城隍神使人知畏，人有所畏则不敢妄为"，下旨各级官员都要亲自主祭城隍神。次年，广州在原来旧庙的基础上新建了城隍庙，庙中除供主神城隍外，还供奉文武判官及二十四司。明清两代，每年清明、七月十五、十月初一，朝廷的地方大员、行政长官均祭城隍，广州以七月廿四为城隍诞辰（传说这天为广州开始筑城之日）。清代雍正年间，广州府城隍升格为管辖全省的都城隍，庙也扩建为岭南最大的城隍庙，有仪门、中门、拜亭、大殿、羽士房、廊庑等建筑。拜亭左右有斋宿所，供新上任

城隍庙

梁培龙绘

广州城隍庙

的各级地方官致祭城隍时寄宿。仪门西南为省牲所，乃检查敬神物品的地方。相传当年在庙中挂有一个大算盘，旁边写着："人有千算，天只一算；阴谋暗算，终归失算。"这配上上述的大殿门联，倒真有点震慑力。

中华民国成立后，20世纪20年代兴起拆庙建街之风，城隍庙被政府当局拆掉大部分建筑，建起一条长280米、宽3米的大街，命名为忠佑大街，这也算是对城隍神的纪念。由此时起，广州城隍庙仅存大殿及拜亭，但仍有不少信徒前来拜祀城隍。忠佑大街一带也成了大众化的商业市集，有小食档、生果摊、理发店、古董店、玩具店、牙医所、算命占卜档等，三教九流云集，斯文人贬此地"乌烟瘴气"。1929年，为了整治这一带，政府接管城隍庙仅存的大殿等建筑，将其改造为国货市场。1931年正式开张，分为"国货陈列室""国货商标展览"和"国货推销场"三个部分。原来庙中的两尊城隍神像（一个泥塑像，一个供上街游行之用的木雕像）分别送往越秀山市立博物馆及中山大学博物馆收藏。当年主持城隍庙改造工程的社会局局长简又文后来在《西北从军记》

中提及此工程时说："多年古庙另有新气象、新意义，破除迷信，建设新事业，此为我任内最为棘手难为而也是最为痛快得意的事。"

到了20世纪60年代后期，城隍庙被广州市试验机械材料厂使用。至90年代，一度被私营文化娱乐公司承包，装修成卡拉OK歌舞厅，挂起"成皇夜总会"的招牌营业，后来因经营不善而关闭，昔日的城隍庙大殿声沉影寂。因为基本保存完好的大殿与拜亭建筑有其历史价值，1993年8月城隍庙被广州市政府公布为广州市文物保护单位。

2009年6月，广州市政府对城隍庙的修复工作提出具体要求。最终，城隍庙恢复为宗教场所并交由宗教部门管理，规划、修缮工作则由越秀区政府牵头，按照"修旧如旧"的原则进行。2010年亚运会举行前夕，城隍庙第一期修缮工程完成。从庙中重立的清代《重修广州城隍庙碑》，我们可以了解到古代民间对城隍神的信仰。

龙藏街白龙趣闻

　　北接西湖路、南连惠福东路的龙藏街，得名于明代的龙藏寺。而龙藏寺的得名来由，可追溯到一千多年前南汉的一段白龙趣闻。

　　南汉是唐朝之后五代十国时期割据岭南的政权，第一代皇帝姓刘名岩（889—942），他治理岭南经济颇为得法，当时南汉之富居于十国之首。但他也是个穷奢极欲的专制者，乾亨元年（917）即位后，他下令在羊城营建一座"玉堂珠殿"，珠光宝气，金碧辉煌。上台数年后，他选择在甘溪流入珠江的河口风景区，营建一座南宫（在今西湖路龙藏街、广州市教育局、九曜坊一带）。这南宫富丽堂皇，极尽奢华，一位帮闲才子曾献上一篇《七奇赋》以盛赞其美。

　　南宫建成后第二年，即乾亨九年（925）八月，一道白虹出现于南宫的三清殿。

　　虹，是阳光射入水滴，经过折射、分光、反射而形成的大气光象。虹在雨幕上通常呈现红、橙、黄、绿、青、蓝、紫七色，雨滴越大色彩越鲜明，雨滴越小其色越淡。如果阳光射入极细小的水滴所组成的雾幕，虹便呈淡白色。南宫在珠江之滨（当时珠江宽阔，其北岸在今大南路稍南），有时雾气弥漫。阳光射入雾幕呈现白虹，在科学昌明的今天不难理解，但是古人迷信"天人感应"，见到白虹便认为是某种"天机"的征兆。

　　白虹在南宫出现，初时很多南汉官员认为是灾异的征兆，弄得人心惶惶，贪生怕死的刘岩更是忧惧万分。正当忧

龍藏街

梁培龙绘

恐的氛围笼罩朝廷的时候，一个叫王宏的翰林学士，别出心裁讨皇帝欢心，硬说白虹是一条白龙，白龙降南宫是好兆头。他呕心沥血写出一篇《白龙赋》献上朝廷，渲染白龙入宫是刘岩受命于天治理国家的吉兆。刘岩一看顿时转忧为喜，笑逐颜开，厚赐了王宏。一个叫王诩的中书舍人，也不放过这献媚机会，急忙呈上一篇《白龙颂》。由于辞藻华丽、文笔流畅，更得刘岩欢心。这一赋一颂，被御用文人吹捧为"双绝"，刘岩更是眉飞色舞。

高兴之余，也为了安定人心，刘岩下令把年号乾亨改为白龙。白龙现于南宫的那年便叫白龙元年（925）。刘岩还把自己的名字改为刘龚，以应龙现之兆。后来，他又取飞龙在天之意，硬是制造一个"龑"（音掩）字，作为自己的名字。

由于君臣这一渲染，一般百姓也以为白虹是白龙。白龙降临南宫，民间传说这一带就是龙藏之地。明代时此地建了一座寺院，称为龙藏寺。清代，寺地变为民居，沿用"龙藏"作街名。

聚贤北街与诗社习尚

在研究岭南文化的时候，不应忘记民间结诗社的习尚。在广州的历史上，有名的诗社不胜枚举，而无名的诗社更是无法统计。可庆幸的是，在街巷得名的故事中，也可寻觅到诗社习尚的影响。位于广州文德南路的聚贤北街的得名，正是这一类。

元末时，广州城南文明门外，玉带濠蜿蜒而过，今文德东路（文德南路的一条小马路）以北、聚贤北街以西一带是玉带濠畔风景颇佳之地，有茂林修竹、依依垂柳，名为南园，园中有一建筑名抗风轩。元朝末年，农民起义的战火已烧旺中原地区，但广州仍然一片安宁。元至正十六年（1356），朱元璋率起义军占领集庆（后来的南京），改名应天府。而在两年后的广州，一群20岁左右的青年却在南园抗风轩组织南园诗社，"狂歌放浪，剧饮淋漓"，青年们在抗风轩中创作、吟咏时，鄙视流行的萎靡诗风，展现出雄直的现实主义风格，被誉为"开创岭南雄直诗风"。其中成就最高的5位是孙蕡、王佐、赵介、李德、黄哲，被后人称为"南园五子"或"南园五先生"，扬名于岭南文学史上。孙蕡写的《广州歌》，详尽地描绘了明初广州的繁华景象，玉带濠的笙歌夜宴、广州的风土人情，跃然纸上，故屡屡被后世历史学家所引用。他们之中有4位当过官却仕途不畅，但5位都是品格高尚的人，故后人在南国诗社旧址建了一座"五先生祠"，以纪念他们的贤德。

明代嘉靖年间（1522—1566），人们在南园建起一座奉祀宋末名臣文天祥、陆秀夫、张世杰的"三忠祠"。于是，名祠与名园相互辉映，又引得诗词爱好者常来此吟咏，重结南园诗社。诗社成员中最出名的是欧大任、梁有誉、黎民表、吴旦、李时行，被誉为"南园后五子"或"南园后五先生"。这5位诗人不但重振南粤诗坛，继续弘扬雄直诗风，同时还是难得的清官，不在腐败的官场中随波逐流。所以均被列入乡贤祠受到后人景仰。

明末，陈子壮、黎遂球等又在南园重结南园诗社，复兴南粤诗坛雄直风格，其中成就最大的12位被誉为"南园十二子"。不过，这12位的具体姓名，有几位是有不同说法的，这也说明此时的南园诗社实际并不止12人，而是众多诗词爱好者的集结。而那12位的中坚陈子壮、黎遂球在明末抗清武装斗争中，均慷慨就义，是"明末岭南三忠"的其中两位。后人有诗赞道："词客旧多亡国恨，骚人今有礼魂篇。"

元末至明末的两百多年间，南园一带因有诗社聚会而群贤聚集，所以后人誉此园为"聚贤"之地，清代把这里附近的街道改名为聚贤坊、聚贤北街。1931年，聚贤坊改为聚仁坊，但聚贤北街之名则一直沿用至今。

惠福路记金花治难产

> 官太临盆，金花竟成仙女；
> 平民求庇，世俗捧起灵神。

金花诞是广州独有的民间神诞，传说金花菩萨便出于今越秀区范围内。区内有两条街、一条路的得名与金花有关。两条街一是广州起义路的惠福巷，二是位于大南路北侧、东起北京路西至广州起义路的仙湖街；一条路便是惠福路。

话说明朝洪武年间，广州巡抚的夫人临盆难产，巡抚大人遍请名医也束手无策，瞌睡间梦见白发仙翁相告：请得金花姑娘方能母子平安。巡抚惊醒后马上派官差四处寻访金花姑娘，结果在一条小巷中找到一位十余岁的金花。官差簇拥小金花回衙门，吓得她不知所措，但当小金花被拥到后堂时，巡抚夫人果然平安产下婴儿。巡抚大喜，重赏小金花，称她为"金花娘娘"。消息传开，小金花竟被尊为活菩萨，不少孕妇来祈求保佑，或求产子。后来金花年事渐长，却无人敢与她成亲，她终日闷闷不乐，终于走到住处南面的湖投湖自尽。第二天，其遗体从湖中浮起，旁边还浮出一个黄沉香木像，酷肖其形。于是居民迎木像供奉，尊她为"送子娘娘""金花普主惠福夫人"，在金花居住处附近建起金花庙，又称惠福祠，该巷也改名惠福巷。她投水的湖也改名仙湖，明代名诗人张诩有诗咏道：

> 玉颜当日睹金花，化作仙湖水面霞。
> 霞本无心还片片，晚风吹落万人家。

后来仙湖成陆地，便叫仙湖街。1919年，民国政府把寺前街（大佛寺的前面）等街扩建为马路时，因南面有惠福巷而把马路改名惠福路。

据昔日金花庙的庙碑记载，金花生于洪武七年（1374）四月十七日子时，故民间以农历四月十七日为金花诞。广州有多间金花庙，晚清、民国时，以河南（今海珠区）鳌洲江边附近的金花庙最著名。每逢诞日，居民必开坛打醮、演戏酬神，举行庙会活动。江滨一带还设八音歌台，画舫歌船盛极一时。庙前陈列盆景、书画、古董等，四方养鸟爱好者带着靓笼好鸟来斗唱；还衬以灯饰，称为"唱灯花"。妇女还组织"金花会"，集资于诞日请戏班、唱八音、办祭品，非常热闹。抗日战争时期，鳌洲的金花庙被炸毁，此后金花诞的热闹风光不再，但民间求子者仍去祈求金花娘娘。这是医学落后或穷苦百姓缺钱看病所致而已。今黄埔区长洲街白鹤岗下仍有金花古庙。

　　鸦伏丫枝，丫折鸦飞丫落地；

　　鹄踞菊叶，菊垂鹄去菊朝天。

　　这一副运用谐音增加艺术性的趣联，乃讲古佬（说书人）口中梁储与伦文叙的对句，曾在仁寿里梁储祠一带流传。

　　仁寿里在民国初期改名为仁秀里，当代犹存，位于今东华西路西段南侧。《乾隆广州府志》有记：城东仁寿里中有文康祠，祀明代少保（辅导太子的官）梁储。因梁储逝世后朝廷追赠他为太师，谥文康，故其祠名"文康"。

　　讲古佬的"古仔"（故事）说梁储是伦文叙的"伯乐"，伦文叙中状元有他的功劳。传说进士殿试时，广东伦文叙与湖广柳先开争得难分难解，正德皇帝提出三盘两胜再比三次定高低，先命太师梁储出题考他们对对子，梁储出的上联就是本文开头所引。结果柳先开对的下联为"豹过炮口，炮响豹走炮冲天"，伦文叙则对了本文开头的下联。在场者觉得"豹过炮口"在现实中不可能，"鹄踞菊叶"则可以见到，皇帝因此判伦文叙胜出。随后，皇帝命两人吟诗言志。柳先开先咏道："读尽天下九州赋，吟通海内五湖诗。月中丹桂连根拔，不许旁人折半枝。"伦文叙正思量要比柳诗气势大，忽见梁储把腰间玉带抱一抱，顿时灵机一动，随口吟道："潜心奋发上天台，看见嫦娥把桂栽。偶遇广寒宫未闭，故将明月抱回

伦文叙像

来。"皇帝听罢笑道：伦卿家连明月也抱回，柳卿家何来折桂？便钦点伦文叙为状元。这当然只是讲古佬言，事实不可能这样，这两首诗也不入大家法眼。还有说梁储为广东谋划少交粮的故事：皇帝喜欢与梁储下象棋，梁储每下到将对方一军时便道："将将将，广东免解粮。"说了多次令皇帝受了影响，下到将梁储一军时也说："将将将，广东免解粮。"梁储马上离座向皇帝叩头谢恩。皇帝说："你为什么叩头？"他说："皇上是金口，说广东免解粮。我因此代广东人谢恩。"于是广东便多留了粮饷。这当然也是子虚乌有之事，但经讲古佬讲了多次，此故事便流传开来，民间便对梁储有深刻印象，

梁储像

梁文康祠也吸引不少人瞻仰。

　　当然，历史上的梁储确实是值得后人敬重的好官。梁储（1453—1527），字叔厚，广东顺德硝堡（今属南海桂城）人。十多岁到江门拜陈献章为师。岁中会元。正德帝时期，历任吏部尚书、武英殿大学士、建极殿大学士、太子少保、华盖殿大学士等职。嘉靖当皇帝后，他坚决要求退休，皇帝批准加封梁储为左柱国，圣旨中将他媲美唐朝丞相张九龄、南宋丞相（未赴任）崔与之，派官兵仗护送他回乡。梁储为官时清正廉明，敢于对正德帝纵情享乐犯颜直谏，能积极举荐人才。他回故里后生活也十分节俭，住处朴素，常与文友谈诗论文。嘉靖四年（1525），皇帝封荫其子世袭锦衣卫指挥，梁储却派人上疏辞免。两年后，梁储逝世，享年74岁。朝廷追赠他为太师，谥"文康"。官府在仁寿里建文康祠，以纪念他的功绩。

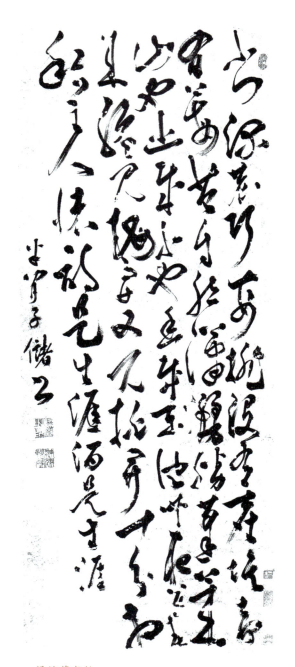

梁储草书轴

后来后人在文康祠中建奎翰楼，收藏朝廷赐予梁储的玺书数百件。明代著名诗人黎民表有诗咏奎翰楼云：

> 千仞丹梯俯四溟，当时冠盖尽仙灵。
> 绮窗倒细山云白，碧槛长涵海气青。
> 天禄书犹题旧姓，良常人已勒新铭。
> 酒醒忽忆西州路，无那霜弦月下听。

　　清中期时，府学东街（今文德路）也有梁文康公祠，祠中有乾隆敕修碑。但其时仁寿里的文康祠、奎翰楼已无存。到民国时仁寿里改名为仁秀里，街坊们已不知这里曾有纪念梁储的建筑，倒是听得讲古佬口中时有提及梁储的名字。由此可见，讲古对普及历史、追怀先贤，是有其独特的作用的。

小巷名曰龙虎墙

广州有条小巷名叫龙虎墙，位于文明路中山图书馆之侧。所谓"龙虎墙"，实与古代科举有关，因为该地乃昔日科举考试之贡院所在地。巷里人家的春联，多书："出去凤凰池上客，入来龙虎榜中人"，"一举名登龙虎榜，十年身到凤凰池"。封建帝制时代，读书人多热衷科名，一生致力于科举考试，以应试为仕官阶梯。凡中举者，均有榜列名于试院门首，谓之登龙虎榜。

试院出榜，例张贴贡院门外，即龙虎墙。相传顺德解元梁福草（九图），曾来广州应省试，试后，急于获悉能否中举，每日均到贡院门外探听。某日听人说今夜即写榜，果闻院内人声嘈杂，他就向附近人借一竹梯，潜登窥看，果见写榜吏陈榜纸案上，另有人唱名次逐一写榜，其人声响亮，近处可以听到。写榜例由第四名举人写起，至最后，始将前列第一、二、三名倒置填上。他一一听之，由开始唱至第二、三，都听不到自己名字，大感失望，以为本届名落孙山矣。猛不防唱名者突唱第一名梁九图，宛如一声霹雳轰于耳畔，惊喜之下，不觉失足堕于梯下，围观者将他扶起，并用小轿抬他回家，已微跛矣。后闻榜列，果中解元。此事成为科场笑话，清代遗老多能言之。

自晚清废科举后，试院已失其用，但龙虎墙的街名仍保存至今，为科举制度留下一点痕迹。

梁培龙绘

玉华坊得名月泉井

月泉西出日泉东，日月光生二井中。
南海波潮从口上，朱明门户与心通。
朝含真气知天一，夕有清光似碧空。
汲取寒华供茗饮，仙人美禄此无穷。

这是明末清初著名诗人屈大均咏广州日月双泉的诗。他是有志于反清复明的义士，故在诗中借咏日月双泉而寓复见明朝澄清玉宇之意。唐代广州有四口名井：日泉井、月泉井、乾明井、流水井，到屈大均写诗之时仍可见月泉井。这月泉井就在今玉华坊附近，而玉华坊的得名是与月泉井有关的。

玉华坊在今广州市越秀区解放中路中段西侧、学宫街以南。明代初期这里是盐仓街的范围（因元代有提举盐课司而名），尚有月泉井吸引游客，曾名华紫（子）巷。月泉井著为人知的特点是"月出则照映井底，光荧澄澈"，记于古代的地方志书之中。明代之前，月泉井位于月华楼中，月华楼后来成了月泉庵，仍以月泉井的月色闻名。清代初期，朝廷大兴文字狱，屈大均的著作也成禁书。有人写"清风不识字，何故乱翻书"的诗句也成了反清罪证，日月双泉由于暗含"明"字当然犯忌，文人连月泉的光华也借其他文字表达了。因此，盐仓街一带形成新巷后，文人们便以玉华坊为名。明月光辉，古代已经雅称玉兔光华，简称"玉华"，雅致之余亦反映了这里有月泉井。至晚清时，人们只知有玉华坊而不知有盐仓街（东华东路的盐仓巷是另一条街巷），但也见不到月泉井了。

清代陈昙写的《邝斋杂记》中，记有玉华坊一个传奇故

屈大均像

事。传说玉华坊中一间原是满洲某参领的公馆，原主人远去后成为民居。因阶前一株粗如儿臂的木樨已枯死，新主人便把它斩去，但仍留寸许根部突出地面。后来，一位名叫徐德斋的人租住此房，觉得这枯木的根阻碍出入，便命人把根拔去。经又敲又打，费了很大气力，终于拔出此根。但是树根拔出后却发现根下有一个大如杯口的洞穴，深不见底。淘气的孩童拿来一桶水，全倒进去仍未溢出。徐德斋拿来一支长竹竿，全插进去仍未碰到地底。而用长竹探洞穴里面周围，亦无阻挡，但地面却不会陷落。众人不得其解之际，有老者来说上辈人的传言：此宅本是清初平南王尚可喜的府第，下有隧道，有人曾循隧道入，见里面形似宫殿，门窗紧闭，从窗外望屋内，见到藏着很多成串的金钱，还站着十多个穿盔甲的武士；大堂上有两个巨瓮，瓮上的油灯亮如白昼；梁上垂下两条铁链，悬挂着一具红色棺材；忽隐隐听见钟鼓之声，

月泉井

梁培龙绘

吓得连忙退出……上一辈人还说：此宅后面是八旗中某一旗的箭道，有人时常见到有白马两骑从大宅后墙穿墙而出，追之却无踪迹，遂疑是隧道中的串钱所变。

上述故事被黄佛颐（1885—1946）收入民国初年出版的《广州城坊志》中，成为民国时人的谈资。古代的鬼灵精怪传奇故事，不少记于地方志书的附录，或其他古籍之中，只要把这些故事当作《聊斋》般看待，也是可博一笑的。

附说一句，唐代的日泉井据说白天可见井水中阳光耀眼，故名日泉，与月泉相辉映。但到明代，日泉井旧址在何处已说不清，有说在月泉井之西，也有说在月泉井之东，今已无从考究。

象牙街话牙雕

　　大德路以北，解放中马路西边有条象牙街，它什么时候建成？名称怎么得来？在历代史志里都没有明确的记载。民间沿袭的说法是：象牙街在明代已有，其得名因为这一带有许多生产经营象牙工艺品的手工作坊。

　　明朝的时候，象牙街一带靠近江边。当时广州已是著名的通商口岸，南来北往的船只不少在江边停泊，渐成商品交易市场，其中商品以优质非洲象牙最有名。广州的艺人购买

中国工艺美术大师李定宁象牙雕作品《贺寿》

20 世纪 30 年代的大新象牙街

民国时期的象牙雕刻工

象牙并加工成精美的艺术品出售，外国客商纷纷出高价购买，这里逐渐形成专门进行象牙原料以及牙雕工艺品交易的市场。不少象牙雕刻艺人就在这条街上工作、生活。起初是散居，后来为了更好做生意，渐渐聚居在一起。到了明末，象牙街逐渐发展壮大起来，由个人单干到夫妻、兄弟、父子齐上阵，最后出现了以雇佣关系联接起来的大面积的象牙店。从现在的街道分布来看，除了一条主干道贯穿其中，还有许多支道，如象牙一、二、三、四巷及象牙北街等，可以想象出当时四通八达的繁华景象。后来江岸逐渐南移，象牙作坊也慢慢转移到南面的大新路，大新路成了著名的"象牙一条街"。大新路和原来的象牙街相比，交通更为方便，街道更为宽阔，店铺更加整齐划一。清代乾隆年间，广州牙雕业的工艺技术与经营规模已居全国之冠。乾隆五十八年（1793），英王乔治三世特使从北京到达广州，称赞广州的牙雕"似乎最优美、最完美无瑕的顶峰"。当时清皇宫收藏了不少广州牙雕精品，翁五章所制的11层象牙球已享誉海内外。清中叶，广州牙雕业形成贡品行和洋行两个行会组织。贡行经营朝廷贡品为主，洋行经营民间用品与出口产品。清末民初，又有一批自立门户的艺人成立大牙行，大牙行的会址在小新街，人称"象牙会馆"，逐渐代替贡品行（日军侵占广州时，会馆被毁，原刻的碑记已经消失）。大牙行的成员有联盛、棋昌盛、裕丰、诚昌、广福、永亨、新联盛等字号，生产经营都集中于现在的大新路一带。1915年，联盛号的翁昭、梁雄创作的25层象牙球参加美国巴拿马万国博览会，获一等奖。这次获奖有段故事。当时日本人以一个26层象牙球参展，与联盛号的牙球斗得难分难解，于是主持人提出把中、日两个牙球用水煮，以定高下。结果，日本的牙球一经高温煮便散开，但联盛号的牙球却不变形，广州牙雕遂在得奖的同时名扬天下。以后，翁昭、翁荣标父子的牙球雕刻技艺越来越精。冯公侠的象牙米微雕也扬名海内外，马锐、郭诚的人物雕刻也很有名。20世纪50年代初，广州市人民政府很重视象牙工艺的发展，成立了大新象牙厂等专门生产象牙工艺品的工厂。老一辈艺人技艺更精，新一辈工艺大师也不断崛起，象牙球、微刻、象牙舫成为广州牙雕的三大代表作。

由迎珠街聊到粤讴

大沙蜻夹大横楼，词唱包心调马头。
水自送声风送色，水风无日不夷犹。

此诗作者乃佛山十二石斋主人梁九图。建于清代嘉庆、道光年间的佛山十二石斋，又名梁园，乃清代广东四大名园之一（其他三园是番禺余荫山房、东莞可园、顺德清晖园）。梁九图在《十二石山斋诗话》中说："娼楼妓馆，所在多有，吾粤附城以水面为优。水面数处，复以迎珠街为最。迎珠在南门外官渡头，俱浮家泛宅，鳞次栉比如巷曲，可通往来。余有诗咏之云……沙蜻、横楼俱船名，即妓女之所居也。所唱之词名曰'解心'，又曰'包心'；调曰'马头'，又讹曰'马蹄'。"

梁九图诗话中的迎珠街，当时是江岸边的花艇聚集地。清代嘉庆、道光年间，今广州一德路以南还是江面，所以成了花艇名街。经鸦片战争后，到同治年间，花艇集中地已西移到谷埠一带（今仁济路南面），光绪年间谷埠大火，花艇集中地又移到大沙头一带。到清末民初，原来迎珠街一带已成陆地。后来建了民居，形成街巷，人们仍以迎珠街名之。到如今，迎珠街位于海珠南路以东数百米，是连接一德路与长堤大马路的一条南北向长街，近两百米长。

梁九图文中说及的沙蜻、横楼等船艇，民间均以花艇称之。只有一层的叫沙蜻，有两层的称为横楼。窗嵌彩色玻璃，舱中陈设彩灯明镜，入夜张灯，远望如万点明星照耀江面，纨绔子弟、富商巨贾在此饮"花酒"，相陪美女还一展歌喉。

花艇上的珠娘不少是卖艺不卖身。帮衬花艇的活动从前称为
"开厅顿艇"，有涉色情的，但也有只听歌论文的，民间曲艺
的突出品种粤讴最初就产生于花艇。

　　嘉庆、道光年间，广州文士冯询、招子庸、邱梦旗、温汝
适、李长荣等，常游于珠江，在花艇上听曲饮酒、谈诗论文。
偶听得珠娘将旧曲变调演唱，颇有新意，但词多低俗。冯询、
招子庸等人遂在民间演唱变调的基础上加以点正，并创作新
曲词，命珠娘演唱，果然令听众大为赞赏。后来，这种新曲
艺被定名为粤讴。从音调看，粤讴是从明末清初盛行的咸水
歌、木鱼歌、龙舟歌、南音等说唱曲艺基础上，融合了北方
民间说唱"子弟歌"和"南词"之长而创制出的新曲艺品种。
从文辞看，粤讴是在韵文的基础上，大量使用粤语方言，加
上感叹衬字、音韵押尾，形成地方特色浓郁、通俗易懂的民
间方言文学新品种。文人作的粤讴经珠娘唱旺，逐渐在粤语
方言区流行开来。道光八年（1828），广州西关澄天阁出版招
子庸的作品《粤讴》，传唱甚广。后来，曾任香港总督的金文

招子庸《粤讴》书影

金文泰

Corrigenda.

page 18, column 6, ⎫
" 27, " 4, ⎬ for 誰 read 症.

" 32, " 10, after the 7th character insert 肯.

" 50, column 4, after the 6th character insert 心.

" 77, column 2, 嘥 is printed upside down.

" 80, for XLVII. (1) read XLVII.

" 102, last column 掉 is printed on its side.

曾任香港总督的金文泰把《粤讴》译成英文

泰把《粤讴》译成英文，改名《广州情歌》，在欧洲出版。以后，葡萄牙人庇山也氏把此书译为葡萄牙文，介绍到欧美各国。当代文学研究专家郑振铎在《中国俗文学史》中，也赞招子庸写的《粤讴》"好语如珠，即不懂粤语者读之，也为之神移"。

招子庸的《粤讴》多写歌女的可怜身世与感情波折。书中第一首是《解心事》，曲词中不少警世之句，影响甚大，粤讴因而也称"解心"。到清代晚期，粤讴成了民主革命者的宣传武器，他们写下大批揭露朝廷腐败、抨击朝廷黑暗的作品，粤讴的历史地位遂永留史册。说起来，粤讴的形成与传播，珠娘也起了相当的作用，迎珠街的历史还是值得记下的。到如今，虽然研究粤讴的学者还有不少，但是粤讴的曲调"马头调"已没有人晓得。

走马岗有粤剧八和公墓

义地重修扬正义，

名园再建记荣名。

这是广州三元里走马岗粤剧八和公墓的门楼对联，记录着粤剧行会的悠长历史。

走马岗在三元里大道走马岗路上，旧属白云区，今属越秀区矿泉街。三元里之名源于明代有个叫"三元市"的市集，走马岗路则源于有个走马岗。走马岗原名松岗，松岗在晚清时已有粤剧八和会馆的义山（指殡葬无家艺人的山地），那里有一块高一米多的石碑，上书"吉庆义冢同治四年立"，是"未有八和先有吉庆"的见证，也记录着粤剧遭禁的一段辛酸往事。

粤剧行会最初称琼花会馆。清代康熙四十四年（1705）举人徐振写有《珠江竹枝词》，自注记及广州太平门外有琼花会馆。咸丰年间李文茂率粤剧艺人举行反清起义后，琼花会馆被没收。

李文茂起义失败后，部分艺人远走他方，也有部分艺人以外江（外省）班名义演戏为生。传说当时一位戏迷李从善眼见艺人没有地方暂住与议事，便让出黄沙同吉大街（今荔湾区大同路口）的房屋，给艺人作活动场所，命名为吉庆公所。同治年间，吉庆公所又购买山地殡葬无家的艺人，松岗义山是其中一处。光绪十五年（1889）粤剧行在黄沙建起八和会馆，从此粤剧中兴。松岗义山一直是八和会馆殡葬艺人之地。抗日战争时期，八和会馆被炸平。抗战胜利后，艺人在恩宁

清末广州八和会馆

路购地重建八和会馆。新中国成立前，八和会馆名为"广东省八和粤剧职业工会"。广州解放后，该会纳入文化工会，"八和会馆"馆址后来由广东粤剧院、广州粤剧团使用。改革开放后，八和会馆重光。1985年8月，广东省粤剧八和联谊会成立。广东粤剧院、广州粤剧团分别搬到越秀区范围的东风东路与桂花岗。2003年1月，广东省粤剧八和联谊会复名广东八和会馆。

1987年，广东省粤剧八和联谊会为松岗（今已改名走马岗）的八和公墓建起围墙、门楼。门楼的汉白玉门匾阳刻楷书"粤剧八和公墓"字样。该墓园占地面积736平方米，园中有墓190多座，多为艺人之墓。其中以薛觉先、梁荫棠两位著名艺人的陵墓最为突出。

薛觉先之墓乃其与夫人唐雪卿合葬墓，抄手墓形，其子薛鸿楷于1956年11月立墓碑。墓的护岭有治丧委员会立的花岗石碑，碑头雕卷尾草如意纹。石碑前面阴刻联云：

> 四十载饮誉舞台，亦生亦旦天南独帜；
> 毕一生尽忠艺术，能文能武海角同钦。

薛觉先像

　　石碑后面刻有罗翼群写的墓志铭，记述薛觉先一生的艺术经历。

　　薛觉先（1904—1956），粤剧历史上著名的改革家之一，有"万能泰斗"之誉，对粤剧艺术的发展立下殊勋。其夫人唐雪卿也曾是粤剧名花旦。

　　而另一突出的石墓墓主则是当代名艺人梁荫棠。梁荫棠（1913—1979），12岁开始学艺，先后拜"金牌小武"桂名扬、"武状元"陈锦棠等名伶及武术家陈斗等为师，成为艺人中南派武功最出色的艺人，在舞台上曾表演"睡钉床""心口碎大石"等硬气功，有"武探花"之誉，是佛山粤剧界的一面旗帜。

　　梁荫棠之墓为石墓形，前有一对石狮子，还有1995年立、刻着"奇人奇艺、一代宗师"的石碑。

　　墓园中还安葬着曾三多、新珠、靓少佳、黄君武、吕玉郎、丁公醒、叶弗弱、庞顺尧、罗家树等名演员或名乐师，他们生前均对粤剧的发展作出贡献。逝者已矣，但诸位前辈对粤剧艺术的贡献永留世间。

千顷书院与梁千乘侯祠

千顷之名费猜疑，两祠紧贴混淆时。
拆房筑路因何曲？世事沧桑似弈棋！

笔者此诗说的是广州起义路（原称维新路）与惠福东路交界东北角的千顷书院与梁千乘侯祠，因世事沧桑令今人混淆不清。民国时期建维新路时两祠均被拆去一部分，遂致2005年广州市文物普查时把二者混淆，《广州市文物普查汇编·越秀区卷》（广州出版社2008年3月版）也把梁千乘侯祠当作千顷书院，卷中说"千顷"之名源于山东汉郡，也是"想当然"之误。

千顷书院原来并非教人读书的地方，而是黄姓祠堂。为什么祠堂被称为书院呢？那与清代雍正年间官府害怕民间"聚众结盟"有关。雍正十三年（1735），皇帝下旨禁止建祠堂，广州是省城，首当其冲。但是，百姓素重孝道，敬重祖先，在祠堂祭祀先辈是宗族血缘联系最重要的仪式，祠堂也是道德教育的基地，岂能不建？正是"上有政策下有对策"，建祠堂不行，建书院却可以，于是大姓宗族在省城纷纷建起名为"书院"的祠堂。这些祠堂既是宗族议事、祭祖之地，也能让同宗士子到省城科举考试时暂住，温习功课、读书。当代人替这类建筑改了个名字：宗族书院，以示与教书育人的书院有区别。今北京路西侧"书院街"的众多书院都属此类。梁千乘侯祠也叫青云书院，千顷书院则是黄氏宗祠。青云书院在千顷书院的西南面，因为紧贴在一起，故让今人

林广平绘

一时难以分清。

千顷书院又称黄香公祠、汉尚书令黄公祠。单解释其名便有两个不得不说的故事。

黄香是谁？他是古代道德教育典范"二十四孝故事"中的孝子之一。《后汉书》有《黄香传》，说黄香字文强，江夏安陆人，事母至孝。《三字经》中的"香九龄，能温席，孝于亲，所当执"，说的就是黄香。他后来官至尚书令。广东黄氏多为"江夏黄"后裔，奉黄香为始祖。

该祠中还奉祀另一位汉代名人黄宪，《后汉书》有《黄宪传》，说他字叔度，出身贫寒，以德行著称。朝廷曾征召他为官，但他没有去，古代习惯称这类名士为"征君"。东汉太学生郭林宗赞："叔度汪汪若千顷陂，澄之不清，淆之不浊，不可量也。"意即黄宪气量广大好比千顷大池，澄清它不显

清，搅动它不显浊，其器量深广难以测量。千顷书院之名便来源于黄宪"千顷之陂"的器量。千顷书院编印过《省城马鞍街黄氏家乘》，以及《省城马鞍街千顷书院江夏合族谱》（千顷书院那一带原称马鞍街），族谱记下雍正十年（1732）始建的黄氏宗祠由广东21个县、144房族人出资建造，后来应时势才改称千顷书院，占地约1万平方米。

光绪三十一年（1905），黄氏族人在此祠建立千顷小学堂，民国初年改为学校，后来发展为千顷中学。

千顷书院南邻的青云书院，则是梁姓人的宗祠，今所见的梁千乘侯祠是主体建筑。民国初年梁姓名人既有北洋政府教育要员梁启超，还有财政要员梁士诒（后来官至北洋政府国务总理，青年时曾在青云书院温习功课）等。

1918年，广州拆城墙筑马路，按传统城里中轴线的维新

梁启超

路应该笔直。可是，要筑笔直的维新路则要拆掉千顷书院与青云书院，引得黄、梁两姓族人大哗。梁启超、梁士诒立即致电广州政要孙科（后当市长）及广东督军莫荣新，要求保留青云书院。黄姓族人则向海南镇守使（相当于军区司令）黄志恒求助，黄志恒即致电莫荣新，誓保千顷书院这黄姓大宗祠。修路主政者不敢过分得罪这些军政要员，于是只好"求通不求直"，维新路修到两书院处就拐了个弯，但也拆了两书院的一部分。因青云书院靠西面，被拆去一半多，只保留梁千乘侯祠；黄氏宗祠则被拆去西面部分，保留了大祠堂及其东、北部分。两族祠堂皆保留了主体，没有毁掉祭祖的厅堂，两姓族人只好顺应开路的大潮流了。从此，千顷书院大门向着维新路，梁千乘侯祠大门则向着惠福东路。

抗日战争时期，千顷中学先后迁至新会、茂名，广州沦陷时日军占领了千顷书院旧址。1945年抗战胜利之初，长风中学借用千顷书院开办，两年后千顷中学迁回，长风中学迁至广州南郊下渡。新中国成立后，广州市内宗族书院由政府接收管理，成为公产。1953年，千顷中学改名为广州市第十四中学（与新民中学合并）。以后，兜兜转转，千顷书院旧址成了广州市教育学院。1985年，该院拆除了院中所有祠堂建筑，改建为教学大楼。2000年，这里成了广州大学起义路校区，2006年又成了广州市社会主义学院。教学大楼顶层的大礼堂很有气派，只是千顷书院仅剩两处残存：一是原来大祠堂南端天井前的照壁，长24米、高约6米，上部还有绿色琉璃瓦剪边、灰塑博古脊饰；二是原大祠堂西廊一些墙基、两根花岗岩方石柱、三个拱门。

开维新路时得以保留的梁千乘侯祠倒是较为幸运，2010年8月以"青云书院"为名列为越秀区文物保护单位，还是广州市人文社会科学共建重点研究基地的"岭南艺术研究基地"。仍保留占地面积约450平方米的三间三进建筑，人字封火山墙、碌灰筒瓦、绿琉璃瓦当、滴水剪边、灰塑脊饰、木雕梁架仍在，门面上的"先贤千乘侯祠"牌匾颇具气势。

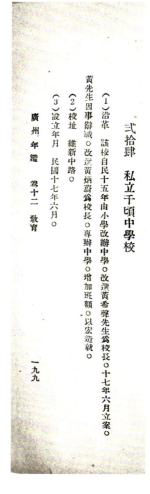

1935年出版的《广州年鉴》对千顷中学的介绍

富贵骄人，商巷紧邻家具集；

仁慈济世，教堂忽聚药材行。

　　这副对联说的是越秀区仁济路的变化。清朝乾隆年间，这里紧靠十三行（怡和商行就在仁济路西侧）。因为城墙西面陆续新建不少商行（今十三行路），需要很多家具，于是在今仁济路地段形成一个很大的家具市集，店档多达七十多家。于此可从侧面见到十三行行商的富贵程度。

　　后来，十三行被一场大火烧毁，仁济路的家具市集也消失得无影无踪。

　　道光年间，美国传教士在此建教堂（广州人称之为礼拜堂），标榜仁慈济世，取名仁济堂。到民国时期，1921年在此建马路时，新马路便沿用"仁济"之名，取名仁济路。后来仁济堂改作他用，仁济路上却开了许多药材行，成为热闹的药材市场，延续了"仁慈济世"的寓意。

　　清末民初，药材行业分成南北、西土、参茸、药片、熟药、丸散、樽头、生草药这"药业八行"，每一行又按经营方式、规模及性质的不同，分为行、店、铺三类。南北药材行以销售长江以南的川、滇、浙、赣以及长江以北诸省所产的药材为主；西土药行主营广东、广西的中药材和湖南、江西一带的中药材，大商号有张泰昌、唐钜昌、卫兆隆、广悦来、生和药材行等；参茸行以经营人参、鹿茸、珍珠、琥珀、牛黄、犀角等贵重药材为主，大商号有忠信行、宝安隆、同安泰、

民国时期的仁济路药材铺与凉茶铺

同顺泰、裕泰祥、利丰行等。这三大类药行，大都集中于仁济路、仁济西路、回栏街、潮音街、晏公街一带。

这一带也多熟药店、生草药店。据1936年的统计，广州有366家熟药店、生草药店分布于仁济路附近一带。

每年农历四月二十八是药王诞，仁济路一带的药材商都要烧香拜祭药王，然后设宴庆贺药王诞辰。药王孙思邈的仁慈济世之心，影响着药行、药店老板与员工，因此这一带从来没出现过卖假药的现象，良好的信誉也令这药材集散市场长盛不衰。

作为受西医影响最早的城市之一，广州虽然经历过中西医药文化碰撞的过程，却仍能成为"南药"的中心，传统中医药在此地仍有强大的生命力，仁济路是一个历史的见证。

鸡林得名旧闻

怨起同行，苏记惊艳；
喜偕连理，鸡林成名。

20世纪40年代，乘公交车经过惠爱中路（今中山五路）与中华中路（今解放中路）交界附近倘有停站，售票员报站不叫"惠爱中"或"中华中"，却会叫"鸡林到了！"这"鸡林"，原是两路交界东北角卖鸡店铺的商号，后来泛指这一带地方。商号成地名，甚至成了公交车报站站名，可见影响之大。

"鸡林"的成名，有个有趣的故事。晚清时，广州北郊石井村民刘亚林来到此地开了家名为"林记"的鸡店，夫妻

1947年惠爱中路的"鸡林"外貌

拍档经营，家里还供养三个孩子。就在大儿子20岁时，林记鸡店隔邻新开一家苏记鸡店，两店遂起竞争，以致双方渐生怨气。

过了不久，刘亚林突然发现苏记的生意大盛，自己店的熟客也走过隔邻帮衬。他暗中窥探，发现苏记把自己的女儿叫来店面卖鸡，其女儿既生得漂亮，又口齿伶俐，遂带起整盘生意。

刘亚林不甘落败，即回村与大儿子刘耀泉商量对策。耀泉虽然年纪不大，但颇有经营头脑，决定与小他一两岁的两个弟弟一起帮父亲挽回生意上的颓势。三兄弟分别到清远及广州市郊大东栏等地，挑选靓鸡，购回来后先放到设于石井村中的鸡场"槽"（育肥）几天，"槽"得毛鲜肉肥时才放到店内笼中，并在人前喂以牛奶拌谷、豆；兄弟们服务态度又好，热心替顾客宰鸡洗净。顾客吃过林记的鸡，果然赞肉嫩、骨脆、味道好。于是，林记"牛奶鸡"打响招牌，隔邻苏记生意顿时下滑。

民国时期的惠爱路

后来，苏记的苏姑娘为打听林记的秘密，常过林记搭话，一次生两次熟，她与刘耀泉终互生情愫，一年后便喜结连理。苏记只生一女，两家终释前嫌，关系越来越好。民国初年，两家鸡店合二而一。店面扩大后，刘耀泉还别出心裁，在骑楼顶挂起每字四尺见方的红字招牌——"鸡林"。此名既承继了林记的"林"字，又寓意鸡多如林。这一来，"鸡林"的名号一传十、十传百，鸡林之名远近闻名。"买靓鸡，到鸡林"，竟成了广州人的口头禅，鸡林生意更盛。而这一带，也被人称作"鸡林"。

福泉街与仙鹤惩贪

　　传说很久以前，今广州市惠吉西路福泉街一带有一口很大很深的井，井中有一块石碑，突出水面，白天有千百只蝙蝠在井里栖息。每天黄昏时，这口井的上空就出现奇迹：井中的蝙蝠都飞出来，在天空穿梭回旋。接着，从高空飞下一双白鹤，一只鹤的头上长着光彩夺目的高冠。所有的蝙蝠随即绕着这双白鹤飞来飞去，有时还跟在白鹤的后面，排成一条长长的黑带，在居民的屋顶上悠然飘过，一直舞到天黑。最后这双白鹤飞入井中，在石碑上栖息一会，又冲天飞去。这一带居民都认为这双白鹤和蝙蝠是仙物，非常敬重它们，大家称这口井为"福泉"（"福"与"蝠"同音），称这条街为福泉街。

　　后来，一个时常欺压百姓的贪官的新府第刚刚落成，突然有个僧人到来化缘，贪官请他入府看风水，指点迷津。僧人看后认为方位不错，说可惜花园那座大石山上缺少一对白鹤。贪官说可以叫人去买，但那僧人说要的并不是普通的白鹤，而是要福泉街那一对仙鹤，还说有了一只鹤就会大富，有两只则富贵双全。

　　官老爷听后打起鬼主意，当天黄昏便派官兵到福泉街去捉白鹤。但当他们发现白鹤入井而走近那口井的时候，白鹤却突然冲天飞去，蝙蝠也散飞入居民的家里。连续几天都一样，即使官兵打扮成普通百姓的模样，只要一接近，蝙蝠全都飞走，仙鹤更毫无踪影。为此官老爷终日茶饭不思，一筹

游览
越秀古街巷

莫展。后来，官老爷在福泉街出告示，以黄金百两和官职为赏，鼓动百姓去捉白鹤，但始终没有人来揭告示。不久，那个僧人又来化缘，官老爷诉说捉鹤十分困难，僧人又说："谁双手把两只白鹤都捉住，必定长生不老，你大人何不亲自去捉？当蝙蝠飞起，白鹤未到之际，马上叫人用绳吊你下井，蹲在石碑上，叫随从远远离开，等白鹤舞罢飞入井来，由你捉住时，大家才赶来协助，这个办法一定成功。"

官老爷听后满心欢喜，心想这回我可以长生不老、富贵双全了。到了黄昏的时候，他带领官兵来到福泉街，当蝙蝠飞去时，官老爷便叫随从吊他下井，蹲在那块石碑上，那块石碑又湿又滑，仅仅站得住一个人，他心里实在害怕，但一听到白鹤在上空的叫声，便想到自己很快就把"富贵双全""长生不老"抓到手，于是忘却一切。

官老爷正想入非非之际，那双白鹤飞进井来了，他赶忙一手一只捉住白鹤的脚，并大声叫喊官兵快来协助。岂料话

福泉井又名吊碑井

音未完，两只白鹤已把他双眼啄瞎，他痛得松开双手掉下井中，等到官兵赶到时，大官已经淹死在井里。从此，那双白鹤与蝙蝠再也没有回来。有人说那僧人是神仙所变，目的是为除掉贪官，以平民愤。